宮原昭夫評論集

―自意識劇の変貌―

宮原昭夫

言海書房

宮原昭夫評論集——自意識劇の変貌——

《目次》

第一部　自意識劇の変貌

目次

目　次

【付記】

1　本文中では、敬称を略した。
2　作品タイトルは、「　」表記とした。
3　引用文は、『　』で括った。但し、長文引用の場合は、二字下げで記した。
4　引用文は、初出に（著者・作品・掲載雑誌等・刊行年）を示し、出典を明らかにした。
5　「第四部　疎開派世代」については、執筆時の掲載を旨とし、第一部から第二部に合わせて文体や表記等の統一は図っていない。

第一部　自意識劇の変貌

大庭葉蔵の曾孫たち

二つの相似形

適当に笑わしておけば波風立たないいし、誰にも嫌われない。むしろ好かれることのほうが多いし、いろいろ得することだってある。……

コイツも俺が着ぐるみ被っておちゃらけていることを知らない。……

……かわいらしいキャラクターの着ぐるみを着てみんなに愛されているのに、その視界のために開けられた真っ暗なでかい口の奥に潜む、渇いた、無表情の俺……

（白岩玄「野ブタ。をプロデュース」、「文藝」二〇〇四年冬号、初出より）

この文章を次のそれと見比べてみましょう。

何でもいいから笑わせておけばいいのだ、そうすると、人間たちは、自分が彼らのいわゆる「生活」の外にいても、あまりそれを気にしないのではないかしら、……

……そうして自分ひとりの懊悩は胸の中の小箱に秘め、その憂鬱、ナアヴァスネスをひたかくしに隠して、ひたすら無邪気の楽天性を装い、自分はお道化たお変人として、しだいに完成されてゆきました。……

（太宰治「人間失格」、「展望」一九四八年六月号―八月号、初出より）

この二人の主人公に血縁関係を感じるのは私だけでしょうか？

「人間失格」の引用ついでに、もう少し。

人に接し、あのおそろしい沈黙がその場に現れる事を警戒して、もともと口の重い自分が、ここを先途と必死のお道化を言ってきたものですが、……

おもてでは、絶えず笑顔をつくりながらも、内心は必死の、それこそ千番に一番の兼ね合いとでもいうべき危機一髪の、油汗流してのサーヴィスでした。……

いっさいの附き合いは、ただ苦痛を覚えるばかりで、その苦痛をもみほぐそうとして懸命にお道化を演じて、かえって、へとへとになり、わずかに知合っているひとの顔を、それに似た顔をさえ、往来などで見かけても、ぎょっとして、一瞬、めまいするほどの不快な戦慄に襲われるありさまで、……

再び、この文章と次のそれとを読み比べてみましょう。

話のネタのために毎日を生きているみたいだった。とにかく〝しーん〟が怖くて、ボートに浸水してくる冷たい沈黙の水を、つまらない日常の報告で埋めるのに死に物狂いだった。……

……話に詰まって目を泳がせて、つまらない話題にしがみついて、そしてなんとか盛り上げようと、けたたましく笑い声をあげているときなんかは、授業の中休みの十分間が永遠にも思えた。……

（綿矢りさ「蹴りたい背中」、「文藝」二〇〇三年秋季号、初出より）

ここにも、もう一つの相似形が浮かび上がってきます。

一九四八年に三八才の太宰治が書いた主人公と、二〇〇四年に二一才の白岩玄、一九才の綿矢りさの書いた二作品のそれ……前者（大庭葉蔵）にとってはいわば曾孫にも当たるヒーロー、ヒロインたちのこの照応は、私の好奇心を刺激します。

「人間失格」と「野ブタ。をプロデュース」と「蹴りたい背中」とに共通するのは自意識のドラマです。偽の自分を演出すること。

しかし私の興味をそそるのはそんな共通項ではなく、同じ地点から出発した三者のそれぞれ異なった軌跡です。

太宰治とこの二人の新人との類似は、それほど不思議なことではなさそうです。綿矢は、芥川賞の受賞者インタビューで、高校時代太宰の全集を片っ端から読んだ、と述べているし、白岩も、

「野ブタ。……」の主人公の名を「修二」とした時、太宰の本名「津島修治」を意識していなかったとは思えません。二人とも、太宰の影響下にその文学活動を始めた、と推測しても構わないのではないでしょうか。もしそうだったとしたら、こうした共通点はさほど意外ではありません。だから、繰り返しますが、問題は三者共通の出発点にあるのではなく、同じ地点からどのように違ったコースを辿ったか、にあるのです。

演技は「罪」か「才能」か

「人間失格」の大庭葉蔵は、

自分の幸福の観念と、よのすべての人たちの幸福の観念とが、まるで食いちがっているような不安、……

……彼らがどんなに苦しく、またどんな事を考えて生きているのか、まるでちっとも見当つかず、ただおそろしく、その気まずさに堪える事ができず、すでに道化の上手になっていました。……

自己の異質性に気付いた葉蔵の自意識からは人間恐怖が生れ、そこから保身と求愛のための道化としての自己演出が始まります。しかし、それがもたらすものは欺瞞の罪意識と疲労です。

誰かひとりが知っている、そうして、人間たちも、やがて、そのひとりから教えられて、だまされた事に気づいた時、その時の人間たちの怒り、復讐は、いったい、まあ、どんなでしょうか。……

葉蔵の人間恐怖、偽の自己演出への罪意識と疲労とは、彼を酒、女、非合法活動、自殺未遂、麻薬中毒へと追いやり、最後に彼は廃人、人間失格という自己規定にたどり着きます。

葉蔵にとっては、偽の自己を演出することは「罪」です。しかし「野ブタ。……」の修二にとっては、それは「才能」です。

さてと。今日も俺をつくって行かなくては。……

ちゃんと顔を洗って、寝ぐせも直して、歯も磨いて、服も着替えて、さぁどっからでも私を見て、という隙のない状態で家族の前に姿を現す。……

彼は学校でも、いつもひょうきんで明るく賑やかな人気者です。

いらっしゃいませ。本日も桐谷修二の着ぐるみショー、スタートです。……

くだらないおしゃべりは仲良いことを証明する一番簡単で効果のある方法だ。「笑い」は人を勘違いさせる。楽しいと思うことが続けば、そのうちそれは「好き」という感情に掏り替わっていき、いつしか一緒に笑える友だちは親友に成り代わっていく。……

彼は、やがてひとたびはそんな偽の自己演出に失敗しますが、しかし彼はそれにもひるまず、ふてぶてしく、またもやうそぶくのです。

もう一度やり直しだ。敏腕プロデューサー「桐谷修二」なら必ず俺を無敵のタレントにしてくれる。……

と。

彼にとっては偽の自己を演出するということは、

「……時代は……プロデュース、なんだよ、分かるか？　つんくとかな。……」

〝モー娘。〟みたいに無名の子をみんなから愛されるアイドルにするんだ。……

といった感覚のものです。葉蔵にとっての「罪」は、修二にとっては「才能」だ、というのはこういう意味です。

そして修二は、自己を演出するだけではなく、ひょんなきっかけから、他人まで、それもデブで脂ぎって気弱で不器用な、極め付けのモテない少年信太（野ブタ）を、クラスの人気者に仕立てるプロジェクトを立ち上げます。

今現在完全無視の野ブタをみんなが愛する人気者にする。これができりゃ俺の人を騙して動かす力は本物だ。……

自分一人ならいくらでも他人をコントロールできるが、野ブタという他人を使ってコントロールしていくということが成功したとき、俺の着ぐるみショーは世界も認める本物……と、彼は意気込みます。そして、彼はまんまとその「完全無視の野ブタ」をクラスの人気者に仕立て上げてしまうのです。

「人間失格」の大庭葉蔵から端を発した自己演出のドラマはとんでもない場所でとんでもない異色の花を開かせたと言えそうです。

人間失格を宣言して、大庭葉蔵が放棄してしまった自己演出の道から、桐谷修二はしぶとく居直ってしたたかに再出発します。

もう一つの出発

大庭葉蔵からの再出発、という意味では、これとは別のありかたを示している作品があります。前掲の「蹴りたい背中」の物語は、いわば「人間失格」のラストから始まります。ハツと呼ばれる「蹴りたい背中」の主人公が、中学時代、まさに大庭葉蔵のように、必死で自己演出にいそしんだ様子は、冒頭の引用にある通りです。

自分がやっていたせいか、私は無理して笑っている人をすぐ見抜ける。大きな笑い声をたてながらも、眉間に皺を寄せ、目を苦しげに細めていて、そして決まって歯茎をむき出しそうになるくらいカッと大口を開けているのだ。……

これは「人間失格」の次の一節を連想させます。

その頃の、……写真などを見ると、……自分ひとり、必ず奇妙に顔をゆがめて笑っているのです。……

……どだい、それは笑顔でない。この子は、少しも笑ってはいないのだ。その証拠には、この子は、両方のこぶしを固く握って立っている。人間は、こぶしを固く握りながら笑えるものではないのである。……ただ、顔に醜い皺を寄せているだけなのである。……

こうして、ハツの中学時代は葉蔵の子供時代とオーバーラップしてきますが、しかし高校生になった現在、彼女は、『中学での我慢が、たまりにたまって一気に爆発した結果……』仲間とかは『もうこりごり』で、グループにとりあえず一緒にいればいいじゃないか、という勧めにも、「それすら、できないんだよね」と答えます。そしてクラスメートたちを眺めながら思うのです。

どうしてそんなに薄まりたがるんだろう。同じ溶液に浸かってぐったり安心して、他人と飽和することは、そんなに心地よいもんなんだろうか。……

こんなフレーズは、大庭葉蔵の次のような呟きを連想させないでしょうか。

ああ、人間は、お互い何も相手をわからない、まるっきり間違って見ていながら、無二の親友のつもりでいて、一生、それに気づかず、相手が死ねば、泣いて弔詞なんかを読んでいるのではないでしょうか。……

しかしそんなハツは教室の中では必然的に「余り者」となり、

さびしさは鳴る。耳が痛くなるほど高く澄んだ鈴の音で鳴り響いて、胸を締めつけるから、……

その『孤独の音』を彼女は授業中プリントを千切る音で消し続けなければなりません。

……話し声、楽しげな笑い声。でも私にあるのは紙屑と静寂のみ。同じ机を使っていても向こう岸とこっちでは、こんなにも違う。でも人のいる向こう岸も、またそれはそれで息苦しいのを、私は知ってる。……

こんな彼女の姿は、大袈裟に言えば、「人間失格」のラストで、世間から引き籠って東北の海辺の茅屋に孤独にうずくまる大庭葉蔵のミニチュア版と見えなくもないです。

しかし前述のように「人間失格」の終着点は「蹴りたい背中」では出発点に過ぎません。ハツのクラスには、余り者が二人います。一人はもちろんハツですが、もう一人の余り者……「にな川」という少年は、そのマイペースぶりで彼女を瞠目させます。ハツは『私は余り者も嫌だけど、グループはもっと嫌だ。……』と強がって見せてはいるけれど、この独白は、所詮は、余り者になるのも嫌だ、と白状しているようなものです。

ところが、にな川は、余り者のままで実に平然としています。彼は周囲に対して完全に無関心です。ハツがこれほどまでに意識している「他人」というもの、葉蔵があれほどまでに恐れていた「世間」というものが、彼の意識からは全く抜け落ちているのです。

どうしてそんなことが可能なのでしょうか？　少なくともハツのような人間にとっては理解を絶するこの事態について、やがて彼女にもその根拠らしいものが見えてきます。

「おれ、オリチャンのファンなんだ。死ぬほど好き。」彼は真面目な顔で言った。／ファンという言い方は、ふさわしくない。……その軽快な響きと、にな川のオリチャンに対する強い思い入れは、まるで結びつかない。……

にな川は、オリチャンという二七歳のファッションモデルあがりのタレントの熱烈なファンなのです。いや、ファンというよりも、いわゆるオタクという言葉の方が相応しそうです。彼はオリチャンに関するありとあらゆる情報、ありとあらゆるグッズをコレクションしています。彼が上の空でなく熱烈に喋るのはオリチャンのことだけです。

ハツの、にな川に対する感情は、一見恋に似ています。

にな川がハツに言います。

「……時々おれを見る目つきがおかしくなるな。……おれのことケイベツしてる目になる。」

それに対して彼女は思います。

違う、ケイベツじゃない、もっと熱いかたまりが胸につかえて息苦しくなって、私はそーいう目になるんだ。……

彼女の中学時代に親友だった絹代は言います。

「ハツは、にな川のことが本当に好きなんだねっ。」……「らいばるはあいどる、だね～」

しかし、ハツは思います、
好き、という言葉と、今自分がにな川に対して抱いている感情との落差にぞっとした。……と。

しかし、好きとは違うとしたら、彼女のその感情は何なのでしょう。

夏休み前、彼女はにな川に誘われて、絹代と共にオリチャンのライブコンサートに出かけます。

終演後終バスに乗り遅れた彼女たちは、にな川の部屋で夜を明かすことになります。

「……楽しかったね。あー、きょうのこと、はやくみんなに話したいなあ。」という絹代の言葉に、ハツは思う。

みんな。そうか、絹代にとっての世界は、私やにな川ではなく、彼女のグループの〝みんな〟なんだ。……

長い夏休みは私と絹代の間にさらに距離をうむだろう。そしてその夏休みの先に続く、ひたすら息苦しい二学期。授業の合間の十分休憩が一番の苦痛で、……この世で一番長い十分間の休憩。無表情で席から動けない自分を、とてもリアルに想像できる。そしてそういう日々がずっと続いていくことも。……

そんな彼女は、ベランダでにな川と並んで座り、夜明けの町を眺めながら思うのです。『同じ景色を見ながらも、きっと、私とにな川は全く別の事を考えている。……』と。

一見恋にさえ似て見える彼女の感情は、おそらく次のようなものではないでしょうか。……自分もにな川になりたい、そして果てしなく続く息苦しい「自分の」日々から解放されたい、という渇望と、しかし自分は決してにな川にはなれないだろう、という絶望。

彼女がにな川に向ける「おかしな目付き」は、いわば目の前で心ゆくまで甘露を貪り飲んでいる者の口元に向けられた、カラカラに渇いた者の灼け付くような視線なのではないでしょうか。

ではハッはどうしてにな川になれないのでしょうか。それはにな川にはオリチャンがあり、彼女にはオリチャンが無いからでしょう。

では、オリチャンとは何か。

確かにそれが高校一年生の少年にとって見ず知らずのファッションモデルあがりのタレントとして読者の前に提出されると、事態はなんだか滑稽でいささかグロテスクな趣きさえ帯びてきてしまいます。

だが、このオリチャンという名詞を、いわば未知数として、試しにいろいろな単語を代入してみたらどうでしょう。たとえば「オリチャン」の代わりに「アサハラショウコウ」という単語を。こんな言い方がどぎつすぎるというのなら、かつての「革命思想」とか「チェ・ゲバラ」という単語を代入してもいい。いっそのこと半世紀以上前の「殉国思想」でもいいかも知れません。とにかく現実を越えるもの。それによって現世の価値観を超克するもの。日常よりも大事なもの。

治と葉蔵

「人間失格」の大庭葉蔵には、とうとうそれが発見出来なかったようです。非合法活動にも携わり、神にもおびえ、女性とも心中未遂を繰り返しながら、革命思想によっても、キリスト教によっても、あるいは恋によっても、ついに彼は現世を超克することが出来ませんでした。になな川にとってのオリチャンにあたるものは、葉蔵には発見出来なかったのです。

余談になりますが、大庭葉蔵ならぬ太宰治には、もしかしたら彼の〝オリチャン〟が存在したかも知れません。

義。／義とは？／その解明は出来ないけれども、しかし、アブラハムは、ひとりごを殺さんとし、宗吾郎は子わかれの場を演じ、私は意地になって地獄にはまり込まなければならぬ、その義とは、義とは、ああやりきれない男性の、哀しい弱点に似ている。……父はどこかで、義のために遊んでいる。地獄の思いで遊んでいる。いのちを賭けて遊んでいる。……

……私の胸の奥の白絹に、何やらこまかい文字が一ぱいに書かれている。……その文字が、全部判読できたならば、私の立場の「義」の意味も、明白に説明できるような気がするのだけれども、それがなかなか、ややこしく、むずかしいのである。……（太宰治「父」より）

この場合はほとんど主人公イコール太宰と受け取ってもいいと思われますが、ここで主人公は「ややこしく、むずかしい」と嘆いてはいますが、それは別段自分にとってむずかしいのではなくて、他人に説明するのがむずかしいと言っているだけのことです。作家としての太宰にはあまり迷いはなかったのではないでしょうか。

野蛮な決め付けだと承知の上で、ここに記された「義」とは「私小説精神」だ、と私は解釈します。

同じ作者の「家庭の幸福」の末尾にある、次のようなフレーズはよく知られています。「……家庭の幸福は諸悪の本」。

世上、自分のありのままの生活の恥やら秘密やらをさらけ出すのが私小説だ、と単純に思われがちのようですが、それだけで私小説になると思うのは誤りであって、私小説精神の神聖な祭壇の前には高価な生け贄が捧げられなければなりません。そしてその生け贄が家庭の幸福というものなのです。

結論を言うなら、太宰には、にな川にとってのオリチャンにあたるものは存在したと言えるのではないでしょうか。

「余り者へ」と、「余り者から」と

話を戻しましょう。前述の大庭葉蔵の二人の曾孫たちは、互いにどんな関係にあり、どのような交差の仕方をしているのでしょう。

再び「野ブタ。……」から引用します。

(教師の現れるまえからきちんと席に座っている生徒は)……友達のいない自称俺は私はあんたらとは違うのよ系の方だけだ。……どうしようもないプライドバカだ。あいつらはあれで周りに勝っているつもりらしい。本当は寂しくてしょうがないくせに「孤独に耐えられないバカ共が」と心の中で蔑むことしかできない、結局戦えない奴らだ。……

自分が他人と合わないからって一人の世界を作ってしまう奴。そんな奴は弱すぎる。障害物があるからって違うコースを走るのか。そんなもの全部キレイにかわして走ればいいんだ。……話すことなんて意外と尽きないものだ。気まずい沈黙がうまれるのは会話ごときに真剣に取り組む生真面目な人間が、どうにか隙間を埋めなければと焦るためであって、どうにでもなる、こんな奴自分に何の関係もないと思っていれば、余分な体の固さがぬけて自然と言葉が出てくる出てくる。……

こんなタンカは、既に引用した「蹴りたい背中」の中の、仲間に方へ走って行く元親友を見送るヒロインの『どうしてそんなに薄まりたがるんだろう』『余り者も嫌だがグループはもっと嫌だ』といった呟きや、『……〝人見知りをしてる〟んじゃなくて、〝人を選んでる〟んだよね』という強がりを、期せずして真っ向から刺してしまいます。ヒロインのポーズの裏の本音にまで言及して、「余り者」に対してなかなか攻撃的です。こうして「野ブタ。……」の修二は「蹴りたい背中」のハツのみならず、「人間失格」の葉蔵までも蹴飛ばしてしまうのです。

では、そんな「野ブタ。……」の中には余り者は存在しないのでしょうか。いや、ちゃんと存在します。存在した、と言ったほうが正確ですが。クラスに登場した当初の信太つまり「野ブタ」はまさに典型的な余り者でした。ところが修二によってこの余り者は最後にクラスの人気者に仕立て上げられてしまいます。つまり信太はまさに大庭葉蔵と同じコースを正反対にたどったことになります。人間失格とは余り者の同義語ですが、葉蔵の終着点である余り者を信太は出発点として逆行し、葉蔵の出発点である道化の人気者へと信太は到着するのです。作品「野ブタ。……」に描かれているのは、余り者の不在ではなく、余り者の消去です。ここで行われているのは、いわば葉蔵やハツやになな川の消去作業なのです。

近代文学・自己・私小説

屁理屈をこねるようですが、何かが消去されるためにはまずそれが存在しなければなりません。では余り者はどうしたら存在するのでしょうか。

余り者が存在するための必要条件は、まず「自己」が存在することでしょう。存在する自己が

「他者」と折り合いを付けられないとき、自己は余り者になります。あたりまえ過ぎることをわざわざ言うなと叱られそうですが、しかし、まず自己が存在する、ということは、それほど当り前のことなのでしょうか?

再び話が逸れますが、一昔前、それこそ私小説が誕生したての頃は、自己の存在というものは文学の自明の前提でした。どうしようもなく存在する自己をどうやって生かし、追求し、主張するかが文学の目的でした。一言で言えばそれが日本近代文学の出発点でした。

比較的初期に私小説を書いた作家、自然主義の島崎藤村、白樺派の志賀直哉などは、義のために自分の家庭の幸福を生け贄にするどころか、堂々と一家を成して市民社会にも老大家として受容され尊重されました。彼等にとっては文学の目的は自己を追求し主張し生かすことであり、私小説はそのための手段だったのです。『ああ、自分のようなものでも、どうかして生きたい。……』という藤村の「春」のラストの一行はその端的な表明とも言えます。

そんな作家たちの生き方を、次の世代の葛西善蔵、嘉村礒多、牧野信一、といったいわゆる私小説作家と呼ばれる人々のそれと比べてみれは、その相違が見えてこないでしょうか。後者の作家たちは、何かしらの形で、「文学」のために我が身を捧げ、文学のために実生活を犠牲にしました。文学は手段ではなくて生きる目的になり、自己は文学のためのしもべになったのです。文学は義になり、自己は生け贄になりました。ここにはある倒錯が、目的と手段の転倒が見えるような気がします。

どうしてそんな転倒が起こったのでしょう。私にはそれは藤村、直哉の時代には強烈に存在した自己というものが、いわゆる私小説作家と呼ばれた人々の時代には、衰弱し曖昧になりだしていたからではあるまいかと考えます。そしてその空席を埋めるために、つまり「自己」の代用品として「私小説精神」というものが作り出されたのではないでしょうか。薄弱になった自己は、私小説精神という「義」に寄り掛かることでやっと自己として主張できました。つまりいつのまにか文学の本堂にまつられたご本尊が「自己」から「私小説精神」へとすりかわってしまったのです。そこで例えば、書いているものは私小説だが私小説精神を持たないから私小説作家とは言えない、とか、書いたものが必ずしも私小説でなくても、私小説精神の持ち主だから私小説作家だ、とか、なんだかややこしい議論まで生まれることになります。しかし、こうした私小説問題への深入りは別の機会に譲りましょう。話を戻さなければなりません。

埋め合わせ方三態

ことほどさように、自己というものの存在は、文芸の世界でさえも、さほど確かなものとは言えなくなってきたということなのでしょうか。

では、自己が確固たるものではなくなり、薄弱になった場合、人間はどこにアイデンティティを求めるのでしょう。一般にそんな場合は、自己の代わりに何かしらに寄り掛かるのが普通でしょう――私小説作家が私小説精神に寄り掛かったように。

寄り掛かるのには二通りの在り方があります。一つは「みんなと同じ」になって安心することです。つまり「蹴りたい背中」の絹代のやり方です。もう一つは「義」に身を捧げることです。つまり同じ作品のにな川のやり方です。彼はオリチャンを義として彼女にすべてを委ねて他人を無視します。この作品には寄り掛かりのサンプルが二つとも取りそろっています。

ハツの絹代についての「どうしてそんなに薄まりたがるのだろう」というコメントには、自己が薄まるのを恐れるハツの、わが身に引き寄せ過ぎた思い込みがあるのではないでしょうか。絹代は薄まりたがっているのではなく、もともと薄まっているから「みんな」によって自己を濃くしたがっているのでしょう。

にな川の場合も彼の中に、なにかしらの「義」によって現世を超克することで実現しなければならないほど濃い「自己」が、果たしてあるのでしょうか。オリチャンを取り外したらにな川の顔の下から島崎藤村や志賀直哉のような強烈な自己が果たして現れてくるのでしょうか。どうもそれほどの業を彼が背負っているようには見えません。

むしろ、彼は自己の不在をオリチャンによって埋め合わせようとしているのではないでしょうか。

では「野ブタ。……」の修二はどうでしょう。確かに彼は、絹代のようにみんなと同じになりたがってもいないし、になが川のようにオリチャンという赤の他人に精神的に寄り掛かることで自己確認しようとしてもいません。むしろ自分を素材にし、あるいは信太を素材にして、いわば自分でオリチャンに相当するものを作り出すことで自己確認を行っています。それが「プロデュース」ということです。にな川にとってオリチャンがいわば神であるならば、修二は自分で神を作り出すゴッドメーカーです。

一頃、例えばビートルズ、プレスリーといったスターが神の代役を務めているような時代がありました。だが今や、修二の言うように「時代はその……プロデュース、なんだよ、分かるか?」という時代です。神よりも神の作り手の方が一枚うわてなのは当たり前といえば当たり前か。

苦渋とスムース

ところで「人間失格」の大庭葉蔵の場合でも「蹴りたい背中」のハツの場合でも、自己演出には常に苦痛が伴いました。

大庭葉蔵の演技には、いつも「必死」「油汗流して」「へとへとになり」「不快な戦慄」といった形容がついてまわります。ハツの場合にも「死に物狂い」「目を苦しげに細め」「我慢がたまりにたまって」という表現が必ず目に付きます。

それに引き換え、「野ブタ。……」の修二の場合は、「障害物……そんなもの全部キレイにかわして走ればいいんだ」「話すことなんて意外と尽きないものだ。……自然と言葉が出てくる出てくる」と、その演技の裏には苦渋の影さえ見えません。

この差はどこから生まれるのでしょう。

例えば黒い板を白く塗るのには多くの労苦が必要ですが、それがもともと透明な板だったとしたら白く塗るのに大した努力は要りません。まずどうにもならない自己があって、それとは違うキャラクターを演じるとなれば、当然油汗を流す労苦が必要ですが、もともと自己がなかったとしたら、どんなキャラクターを演じようがたいした抵抗感は覚えないでしょう。その意味では「野ブタ。……」は自意識のドラマというより自己不在のドラマなのかも知れません。

そして、意外なことには、自己が不在でも自意識は不在にならないのです。「野ブタ。……」

の修二は、自分の演じている自分が、作られた自分であることを十二分に意識しています。

　そのような意味での自意識のドラマとしては、「野ブタ。……」は「蹴りたい背中」よりも、むしろ同じ作者（綿矢りさ）の「インストール」（「文藝」二〇〇一年冬季号、初出）の方に近いのかも知れません。

「インストール」のイントロは「蹴りたい背中」と似ています。それは、高校三年生になったとたんにみんなと同じ大学受験競争に疲れ果てた朝子が、不登校になった……つまり「余り者」になったところから始まります。

　そんな彼女は、たまたまマンガにでも出てきそうな天才クンみたいな小学生と組んで、アルバイトとして、パソコンのホームページのあるチャットでテレフォンセックスならぬメールセックスふうのサービスを受け持つ羽目になります。そのチャットの上で彼女は子持ちの人妻売春婦に扮して不特定多数の男性とセクシュアルなやり取りを繰り広げます。

　これもまた、ある意味での自己演出と言っていいでしょう。「野ブタ。……」の修二が、自分や信太の「肉体」を使って作り上げる「別人のキャラクター」を、朝子はディスプレイの上に打ち出す「文字」で作り上げるのです。

　手段こそ違え、朝子の作り出す「子持ちの人妻売春婦」は、修二の「着ぐるみ」や信太の「野ブタ」と同質のものです。

もっとも、修二や信太にとってはいわば高校生活の芯とも言える自己演出は、朝子にとってはほんの一カ月間の気晴らしのお楽しみに過ぎず、彼女はやがて足を洗って今まで通りの高校生活へと復帰していきます。

朝子にとってはこうした自己演出は結果的にはたわいのないお遊びに終わってしまうにしても、それでも彼女の内部には常に、やり切れない自意識から解放されて別の「着ぐるみ」を着て安らぎたい、という願望が根深く存在していることは、これによって推量出来るのではないでしょうか。

「自己不在」と「同化への恐れ」

そこが「野ブタ。……」の修二とどうも違うようです。着ぐるみの「でかい口の奥に潜む、渇いた無表情の俺」と修二は呟きますが、しかしその俺は渇いて無表情なだけで、どうも生々しい実体が伝わってきません。

彼は、ホントの自分とかウソの自分とかといった話題になると、いつもの彼らしくないいやに逆上します。作品中のマドンナ的存在であるマリ子に「修二がホントは優しいこと私……知ってるから」と言われると、「……おまえが俺のなにを知ってるんだよ。……わかったような口きいてんじゃねぇ！」とわめきます。野ブタこと信太に、「（修二がマリ子に言ったことは）嘘なんですよね？」と詰め寄られると、彼は「嘘とか、ホントとか、そんなの重要か？……言葉が嘘でもホントでも、伝わった結果が真実ってやつだろ？」とムキになります。彼にとっていちばん避けたいことが、ウソとホントのけじめをつけることなのではないでしょうか。ホントが実在する場合にこそウソが有り得るのです。何がウソかということをあまり本気になって追求すると、果たして自分にはホントという実体があるのか、という設問を自分自身に突き付けざるを得なくなります。彼が避けたいのはそんな事態なのでしょう。

事実、読者にとっては「着ぐるみの修二」の姿は判るのですが、着ぐるみを脱いだ修二はよく判りません。まるでラッキョウの皮を剥くように、脱いでも脱いでも、その下からは新しい着ぐるみの修二が出てくるだけのように見えるのです。

では「インストール」の朝子の場合はどうでしょう。

「私、毎日みんなと同じ、こんな生活続けてていいのかなあ。みんなと同じ教室で同じ授業受けて、毎日。……」

……中学生の頃には確実に両手に握り締めることができていたわたしのあらゆる可能性の芽

が、気づいたらごそっと減っていて、このまま小さくまとまった人生を送るのかもしれないと思うとどうにも苦しい。……

ポーズ。私はこうやってすぐ変人ぶりたがる。あさましく緊張しながら奇抜な行動をやらかす。こんなふうに地べたに横たわるのが私の表現できる精一杯の個性なのだ。……

どうやらここにあるのは、大庭葉蔵のような「自分がみんなと違うことへの恐怖」ではなく、むしろ反対に「自分がみんなと同じになってしまいそうな恐怖」のほうらしい。つまり「自己喪失への恐怖」なのではないでしょうか。

このままだと自分がなくなってしまいそうで、怖くてみんなのもとから逃げ出す。朝子のドロップアウトにはそんな気配が漂っています。

無くなりそうな自分を抱えて常にハラハラしながら生きている朝子には、むしろそんな自分を忘れて、いっとき全然違うキャラクターに扮して生きることは、ひどく心安らぐ憩いだったに違いありません。だが、当然ながらそれは彼女にとって問題の解決ではなく、ほんの一カ月の息抜きにすぎないのです。

「インストール」についてのそんな発見を下敷きにしてもう一度同じ作者の「蹴りたい背中」を見直すと、ハッがしているのも、やはり「みんなと違う自分を守るためにみんなから逃げ出す」ことではなかったのだろうかと気付きます。

こりごりしてみんなから逃げ出したはずのハツが、それでは何をしているかと言えば、ただ孤独にプリント用紙をひたすら裂き続けているだけです。ここには「みんなと同じになりたくない自分」は描かれているが「みんなと違う自分」は意外にも描かれていません。

ハツの絹代への「どうしてそんなに薄まりたがるんだろう」という批判は、濃い自分を持て余すというより、むしろ薄まるのを恐れる自分に引き寄せ過ぎた思い込みだったのではないでしょうか。「他人と飽和することは、そんなに心地よいもんなんだろうか」という呟きは「どうしてそれに恐怖を感じないのだろうか」という不審の思いだったのではないでしょうか。

だとしたら、「蹴りたい背中」のハツと「インストール」の朝子とは同類ということになります。

異化への欲求

「自分がみんなと同じになりそうな恐怖」は、「みんなと違う自分を守るためにみんなから逃げ出す」ことと、「自分がみんなと違うことを証明する」ことへの希求へと人を誘います。

その前者が「蹴りたい背中」だとしたら、後者の希求、つまり「異化への欲求」が展開されるのが「蛇にピアス」（金原ひとみ、「すばる」二〇〇三年一一月号、初出）です。とすれば、期せずして「蹴りたい背中」と「蛇にピアス」とは同じ幹から伸びた二つの枝だと言えないでしょうか。

二〇〇三年に二〇歳の金原ひとみによって描かれた「蛇にピアス」のヒロイン、一九歳のルイの前に、一八歳のアマは、
左眉に三本4Gの針型のピアスを刺し、下唇にも同じように三本同じピアスを刺している。それだけでも目立つというのにタンクトップからは龍が飛び出し、真っ赤な髪はサイドが短く刈り込まれていて、太いモヒカンみたいな形。……

という出で立ちで現われます。

彼の舌は本当に蛇の舌のように、先が二つに割れていた。……彼は右の舌だけ器用に持ち上げて、二股の舌の間にタバコをはさんだ。……私は彼の舌に魅せられた。そう、私は彼の二手に分かれる細い舌に魅せられた。どうして、あんなに強く引きつけられたのか、未だに分からない。私はこの意味のない身体改造とやらに、一体何を見出そうとしているんだろう。

……

一体何を……と訝しみながらも、彼女は否応無い衝動の赴くままに自分でもスプリットタンへの身体改造に踏み出します。その作業を引き受けた『……二十四、五くらいのパンクな兄ちゃん。……シバさんの顔は瞼、眉、唇、鼻、頬にピアスが刺さっている。……両手の甲は一面ケロイド

に覆われていた。……それが全て直径一センチ程の丸であることに気づいた。根性焼きでケロイドを施したんだろう。……』『その頭はスキンヘッドで、つるつるの後頭部に丸くなっている龍が彫ってあった。……』。

ルイ自身も『いま、私の右耳には0Gのピアスが二つ、左耳には下から0、2、4Gのピアスが並んでいる』という格好です。

こんな三人が揃って『……外を歩くと、通り過ぎる人がみんな道を空けた。……』。居酒屋へ入ると『他の客が私たちを一瞥して気まずそうに目を逸らした。……』。

ルイ自身は「どうしてか分からない」「私は何を見出そうとしているんだろう」と呟いていますが、そんな彼女が無意識に求めているのは、「通りすぎる人がみんな道を空け」「気まずそうに目を逸らす」ことだったのではないでしょうか。

彼女は、みんなから避けられることで、みんなと違う自分の存在を証明したかったのではないでしょうか。その究極の形が、彼女の場合スプリットタンだったのではないでしょうか。

舌へピアスを打ち込んだり、背中に入れ墨を彫ったりするほどの痛苦を味わってまで「みんなと違う自分を証明」しなければならないということは、それほど彼女の中には「みんなと同じになってしまいそうな恐怖」「違う自分が失われそうな恐怖」が強いということを、逆に証明してしまっている、と言えないでしょうか。

異化、同化、自己演出

「蹴りたい背中」のハツと「インストール」の朝子はみんなと違う自分が失われるのを懼れて必死にみんなから逃げ出し、「蛇にピアス」のルイはみんなと同じになるのを懼れて必死に「違う自分」を証明して見せようとします。にな川は不在な自己の埋め合わせにオリチャンという「義」に寄り掛かります。

とすれば、彼らは同根で、共に自己喪失を巡るドラマを担っているということになります。

「野ブタ。……」に話を戻すと、修二の「着ぐるみ」も信太の「野ブタ」も、共に「みんなに同化するための自己演出」です。

ところが、「蹴りたい背中」のハツや「インストール」の朝子にあるのは逆に「みんなに同化することへの恐怖」です。

そして「蛇とピアス」のルイたちにあるのは「みんなから異化するための自己演出」です。

「蹴りたい背中」のにな川にあるのは「みんなから異化するための義」という図式か。

こうして白岩玄と綿矢りさと金原ひとみの作品は、同化と異化と自己演出とを巡って、まるでテーマのシリトリのように関連と対比によって連なっているのです。

葉蔵に無いもの

ここで、私はふと不安を感じました。さきに、「蹴りたい背中」のハツや「インストール」の朝子にあるのは「自分がみんなと同じになってしまいそうな恐怖」なのであって、それは大庭葉蔵の「みんなと違うことへの恐怖」とは違う、と書きました。また、「野ブタ。……」は、自意識のドラマというより、自己不在のドラマだ、とも書きました。

しかし、「人間失格」の中に、ほんとうに大庭葉蔵の自己が存在するのでしょうか？

葉蔵は、印象派の絵を「お化けの絵だよ」と言う、うすのろの竹一に触発されて、これらの画家に対して「ここに将来の自分の仲間がいる」と感じます。

あまりに人間を恐怖している人たち……ああ、この一群の画家たちは、人間という化け物に傷つけられ、おびやかされた揚句の果、ついに幻影を信じ、白昼の自然の中に、ありありと妖怪を見たのだ……

……醜いものに嘔吐をもよおしながらも、それに対する興味を隠さず、表現のよろこびに浸っている、……

と目から鱗の落ちる思いがして、自分でも制作に取りかかります。そして、

自分でも、ぎょっとしたほど、陰惨な絵ができ上りました。しかしこれこそ胸底にひた隠しに隠している自分の正体なのだ……

と思います。

葉蔵の自己が直接表現されている箇所は、作品全体を通じてここだけのようです。だが、ここに述べられている「ひた隠しに隠している自分の正体」そのものとはどんなものなのでしょう？　この部分をいくら読み返しても、葉蔵がみんなと違うことは判りますが、彼の中に「存在する」のがどんな自己なのか、どうもはっきり見えません。ここに述べられているのは、自己の中の、「みんなと違うものの存在」ではなくて、「みんなにあるものの不在」だけです。そして、「自分にないものを持つみんなへの恐怖」だけです。

してみると「人間失格」もまた煎じ詰めれば「自己喪失」のドラマだ、ということになるのでしょうか。

ここでさえも、作中の自己を追求すればするほど、自己は消え失せ、自意識だけが残るように見えます。

「野ブタ。……」へのさきの言及に続いて私は、自己が不在でも自意識は不在にならない、と記しました。

だが、もしかするとその間の事情は逆で、自意識があるからこそ自己の存在が不確かになるのかも知れません。

同じ箇所で私は、着ぐるみの修二について、ラッキョウの皮を剥くように脱いでも脱いでもその下から出てくるのは新しい着ぐるみの修二だ、とも記しました。

ひょっとすると自意識とは、ラッキョウの皮を剥く道具なのかも知れません。

皮を剥かれるラッキョウは、剥かれる度に痩せ細り、ついには皮だけを残して実体は見失われます。

時代・社会・自我

そんなことを思案していた折に、ふと茂木健一郎のこんなエッセイの一節が目に触れました。

「近代の資本主義は、人格の単一性、独立性を前提にしなければ成り立たない」

「債権者、債務者という概念も、近代的自我の単一性が保障されなければ、危機に陥る」

「近代的自我という概念自体が、市場における取引を円滑に進めるための『インフラ』と考える論者もいる」

（「欲望する脳」より）

そうか、近代的自我とは、近代資本主義の成立のために不可欠なインフラだったのか！

日本の文学に近代的自我の問題が導入された時期は、日本社会に近代的資本主義の体制が導入された時期と重なります。例えば近代都市の成立のために上下水道の設置が必要だったように、近代資本主義体制の成立のためには近代的自我の成立が必要だったのかもしれません。そしてそれが、日本近代文学の使命の一つだったのではないでしょうか。

もし、そうだとしたら、その後の資本主義体制の変質は、そのまま近代的自我の問題の変質にも関係してくるのは当然ではないでしょうか。ことさら経済学的用語を用いずとも、現在我々がその中で暮らしているのがかつての古典的な市場経済の体制ではないのは、日々直接肌で感じられることでしょう。経済活動の責任を個人が担った時代はとうに過ぎ去り、いまやそれは「法人」に取って替わられています。その傾向は進行し、個人の意味は経済活動の中でますます希薄になる一方です。変質した社会体制の中では、そのインフラとしての自我も変質せざるを得ません。それが、現在の日本文学の中での自己の問題、自意識の問題とどこかで連動しているのではないでしょうか。

ああ、またもや私は足を踏み外してとんでもない泥沼へ踏み込みかけているようです。この問題は到底片々たる作品論のついでに論じ尽くせるようなものではなく、また私の独創的知見というわけでもありません。ただ私が触れたかったのは、ここまで述べてきた自意識劇の変遷の根底には、こうした自我問題のいわば地すべり的な変質が横たわっているのではあるまいか、そして現在のもっとも若い世代の作家たちの前に立ち立ちはだかっているのは、もしかしたら他でもないその問題なのかも知れない、という点だったのです。

ともあれ、二一世紀劈頭のこの時期に、いずれも二〇歳前後という異例の若さで登場した男女の作家たちが、言い合わせたように自意識をめぐるテーマをそれぞれの角度から追い求めている、という現象は、それなりに注目に値するのではないでしょうか。

それともこれは、いつの世でも青春前期の世代にとっては自意識こそがメインテーマだ、という「普遍性」の問題に過ぎないのでしょうか？

付記　制度としての「個性」

文学とは制度だ、と言った人がいます。

それになぞらえて言えば、「自己」もまた制度なのではないでしょうか。近代社会のインフラとしての制度。

制度として定着した自己は、いまや自明のこととなり、存在しないのはけしからぬこととなります。

赤瀬川源平があるエッセイで、現在の「個性教育」に関して、こんなことを述べています。今の子供は「個性を伸ばせ」と教えられるが、人と違う自分を確立するにはけっこう大変な努力が要るので、今の子供はつらい、と。

そんな視点で、もう一度前述の諸作品を見直してみると、次のようにも言えるような気がしてきます。

「制度」としての「自己」を自明のものとして強制する「個性教育」のもとでつらい思いをしている少年少女の中で、いわば優等生的に「自己」の喪失を懼れる「蹴りたい背中」や「インストール」に対して、改造した「自己」を暴力的なまでに突きつけてみせる「蛇にピアス」、ほんとうに「自己」なんてものが要るのかいと居直る「野ブタ。にプロデュース」……ここにあるのは、そんな構図なのかも知れない、と。

十年の端と端

いつぞや私は、ある批評家に「この作家は毎回作品の世界が違い、定まった領域がなくて、あてどもなく漂っている」と評されて、ショックを受けたことがありました。それまで私は、小説家というものは毎回違う小説を書かなければいけないんだ、と思い込み、必死に「違う小説」を書こうと骨身を削っていたからです。

そんな私としては、若い作家たちがたとえ同じような問題意識から出発したからといって、十年後にもなにかしらの世界を共有していると期待するとしたら、とんだ自家撞着というものでしょう。

ここでの私の興味は、前章で考察した三人の若い作家（綿矢りさ、金原ひとみ、白岩玄）が、あれから十年の後、その出発点からどんなテーマへ進んだか、あるいはテーマをどう変奏深化させたかという点にありました。

目下のところ綿矢りさの最新作に当たるはずの「ウォーク・イン・クローゼット」（「群像」

二〇一五年八月号、初出）は、若い女性にとっての衣装の意味を、着道楽のＯＬ「早希」の婚活と、ファッションモデルあがりの人気タレント「だりあ」の妊娠騒動とを絡めて仕上げた作品です。当初から巧緻な作家でしたが、この作も、良すぎるくらい手際が良くて面白い。

また「いなか、の、すとーかー」（「群像」二〇一三年一一月号、初出）も、俄かにマスコミに注目されだした若い陶芸家「透」が、窯場を築いた故郷の村で、関係妄想に取り憑かれた女「美塑乃」に付き纏われる話を、幼馴染の娘「果穂」の愛憎と絡めて描いて、読む者を飽きさせません。「ウォーク・イン・クローゼット」のだりあが被るマスコミのパパラッチ攻撃や、この作に描かれるストーカー騒ぎなどは、ひところマスコミの餌食にされて有名税を払わされた作者の実体験が反映しているのかも知れません。

また「大地のゲーム」（「新潮」二〇一三年三月号、初出）は、大地震の直後、壊滅した大都市で辛うじて倒壊を免れた大学の構内に仮住まいして巨大地震の再来の予告に怯える学生たちの小社会で暮らす女子学生「私」の視点で、彼女の恋人の若者「私の男」、思想運動めいた組織のカリスマ的「リーダー」、ストーカー男を集団で殺す殺人事件を誘発し同性たちの憎悪のターゲットになる娘「マリ」などを描いた、非日常の時間と空間の中の学園ドラマという、この作者としては冒険的な試みです。戦争体験世代からは、飢えも凍えもない長閑な非日常だと見えなくもないが、これまでの市民的日常から一歩踏み出そうとする若々しい創作意欲は快い。
ともあれ、少なくともこれらの作品には自意識ないしはその延長上にあるテーマは特に見当たらないようです。

金原ひとみの「持たざるもの」（「すばる」二〇一五年一月号、初出）は、大地震と原発事故で放射能から幼い我が子を守るために東京から妻子を関西に避難させようとする「修人」（妻は「周囲のみんなが今までと変わりなく暮らしているから」という理由で夫の主張を断固拒否し、ついに離婚して子供と一緒に去って行きます）、彼の昔の恋人だった人妻「千鶴」（彼女はシンガポールから一時帰郷して彼と再会しますが、外国人の夫との間の我が子を突然病で失った体験を持ちます）、彼女の妹でシングルマザーの「エリナ」（原発事故の放射能を避けるため幼い娘と共に英国へ移住しています）、彼女の知人で海外赴任会社員の妻「朱里」（彼女は今回の夫の転勤で待望の帰国が叶いますが、故国のマイホームを夫の兄夫婦に占拠されているのを知ってショックを受けます）、という、それぞれの主人公たちの視点で描かれるオムニバス風の四つの連作です。そのうち、修人と妻との物語である第一章は科学的真実と周囲の同調圧力との葛藤として興味深い問題提起ですが、そのあとの三章はいずれも海外住まいの女性たちのドラマで、この題材はおそらく自身海外住まいの作者の目下の興味の中心なのでしょう。書いているうちに作者の関心がそちらにスライドしていった様子が推察できますが、読み手としては第一章の問題提起をもっと追求して欲しい気もしました。

作者はこの作品について「それぞれ自分が信じていた世界を喪失する物語」（「波」二〇一六年三月号）とインタビューへのメール返信に記しています。それは同じ作者の「軽薄」（「新潮」二〇一五年七月号、初出）にも通じるところがあります。この作品は、ティーンエイジャーの頃、ストーカー化した元愛人に襲われ死に損なった「カナ」が、やがてエリートサラリーマンと結婚し、何一つ欠けるところのない完璧な幸せの中で、その幸せへの訳の分からぬ違和感に駆られ、十歳年下の甥「弘斗」との禁断の情事に耽り、やがてその甥もかつて父の赴任先の米国で年上の女性にストーカー殺人未遂を犯していたという過去が明かされます。しかしヒロインは、ストーカー殺人未遂の被害者としてではなく、同じ二つの事件のいわば、「当事者」として、市民社会側ではなく異端者側の人間として甥と共に生きていく道を選びます。このカナは「持たざるもの」のエリナとも一脈通ずる、内面での異化の進行のドラマの担い手でしょう。

綿矢はいかにも現代人らしい人間模様を面白くややアイロニカル描いているし、金原はそんな裕福な人間関係の中で感じる異質感孤立感を追求していると言えます。その異質感は金原の出発点だった主人公たちの挑戦的な「異化」の衝動に通底すると思われますが、初期のヒロインたちはむしろ躍起となって自己を周囲から異化しようと努めていたが、十年後のヒロインたちは周囲の市民社会の日常は日常として受け入れた上で、その中で秘かに育つ自己の異化を見詰めている、と言っていいでしょう。

いっぽう、白岩玄の「ヒーロー」（「文藝」二〇一六年春季号、初出）は、もろにデビュー作「野ブタ。にプロデュース」と地続きの素材です。高校演劇部の演出担当の女生徒「鈴」は同学年の「英雄」から、昼休みの校庭での彼のパフォーマンスのアイディアと演出を依頼されます。それは学内でのイジメの加害者たちの関心を逸らして被害者を救うため、という名目がついています。しかし物語のメインはパフォーマンスのアイディアと演出、演技、クラスメートの反応のほうで、その点もまさに、「野ブタ。にプロデュース」での修二と信太のドラマに重なります。その動機も信太へのイジメへの対処だったこともこの作と共通しますが、こちらはイジメ問題がなんだか取ってつけたようで、やがて小学生時代イジメの告発が苛めた子の母親の自殺を誘発したことが英雄のトラウマになっているという興味深い設定が後出しのように提示されますが、そのテーマはそれ以上追求されるわけではないのが、もったいない。作者自身がデビュー作の意味を勘違いしているのか、あるいは興味の方向が変わったのか、いずれにしても素材に出発点との類似性が見られただけに私としてはやや拍子抜けしました。

この作者の「結婚問題」(「ポンツーン」二〇一三年一〇月号~二〇一四年三月号、初出)は、若い小説家「祐人」(デビュー作が好評で、当座の生活の心配はないものの、その後さしたる話題作もなく、蓄えを食い減らしながら創作に勤しんでいる)と、彼と同棲しつつ間もなく正式の結婚に踏み切ろうとしている出版社の若い女編集者の「里奈」とのペアの結婚直前の心の揺らぎ、躊躇いを、それぞれの一人称の視点で交互に描く作品で、かなり作者の経歴ともダブりそうな設定が、身近な感じを与え、好感の持てる作品です。とは言え、必ずしも自己追求、自己告発といった典型的な私小説の暑苦しさとはかなり離れた、いわばエンゲージブルー小説とでも言えるものでしょうか。繊細でピュアーな若者たちの感覚がナイーブで綿密な筆致で描かれたインチメートな作品ですが、しかしそれは、現代若者風俗の一断面の活写、という域をこえた自意識劇の新展開、とまでは言い難い。

こうして、三人の若い作家の最近作を一瞥したところでは、それぞれの出発点だった、自己と周囲との葛藤、違和感といった関係性の追求の問題の、その延長線上にあって、その先に新発見を探る、といった体の方向性が、必ずしも見られるわけではありませんでした。中では金原ひとみの作品の中にはその方向性が垣間見られるようですが、もう少し先まで見守ってみないと、その行き着く先はまだ判定し難い。綿矢りさにとっては、自意識の問題もまた、彼女が上手に料理出来る美味しい素材の内の一つに過ぎず、彼女はその素材に特別に拘ることなく、今後もますますそのレパートリーを広げていくのではあるまいかと思われます。自意識とか自己とかいった問題へのアプローチとしてはもっともオリジナルなものと私には見えて、秘かに期待していた白岩玄の方向性は、どうやらその開花は今後の展開に待つべきもののようです。

かつて私は「トマトと太陽」という題で――批評家は作家に「お前の描く太陽はここがマズイ」と叱るが、作家は「おれが描きたいのは自分のトマトであって、お前の太陽ではない」と言い返したい――と嫌味を述べたことがあります。そんな私が気がつくと、こうして若い作家たちに私の太陽を描かせたがっている。ああ、なんと作家と批評家との間には「深くて暗い川」があるのでしょう！　なんと作家が批評家になるのは難しいことか！

葉蔵と私

ところで貴方と大庭葉蔵との関係は？　とある人に訊かれて、私は虚を突かれました。私にとって自分と大庭葉蔵との関係は自明なものだったので、赤の他人の読者にも自明だと錯覚していたようです。そこで慌ててこんな文章を付け加えることにしました。

私が初めて太宰治の「人間失格」を読んだのは、十代後半の頃でした。それまで私は、自分はみんなと同じにならなければいけないんだと信じて疑いませんでした。ところが、この作品で、自分はみんなと違ってもいいんだ、みんなと違う自分を表現してもいいんだ、と私は初めて悟ったのです。今思えばそれは文学的にはごく初歩的な発見なのですが、奥手だった私にとっては晴天の霹靂のような発見だったのです。

なにしろ物心ついて以来それまでの私の苦しみは、みんなと同じにならなければいけないのに、なれない、ということだったのです。他人にも判りやすい表面的な事実だけを述べれば、私の少年時代はすべて「十五年戦争」の中で始まって終わりましたので、私のような身体が弱く気が弱い少年は、身体も気も強い軍国少年にならねばならぬという同調圧力に一貫してさらされ、苛めぬかれました。そんな「余り者」としての私の小学校生活が終わった年に戦争も終わり、私の中学高校生活は「戦後民主主義」の中で過ぎましたが、その最中の一九五〇年代の半ばから数年、私は結核で寝つき、やがて復学して四歳も年下の同級生たちと高校生活を送り、ここでも自分を「異物」として意識せざるを得ませんでした。戦時中も戦後も、みんなと同じになりたくて、しかしなれず、自己否定の辛さを味わい続けてきた奥手の若者にとって、「みんなと違う自分を描いてもいいんだよ」（そのように読めてしまったのです）と語り掛ける「人間失格」がどんなに大きいインパクトを与えたか、ご想像ください。

成人してからの私は、異物として生きた未成年時代にひとたび剥がれ落ちた現世と自分との隙間を修復しきれないまま、密着もせず、さりとて完全に離脱出来るわけでもなく、時々現世に不時着しながらも、不安定な低空飛行を続けて今日まで至った、といった体たらくです。これまた判りやすい表面的な現象によってそれを表現すれば、昭和のいわゆる高度成長期と言われる一九六〇年代が、私の人生ではもっとも貧乏な時期で、毎月末にはお金がゼロになり、唯一ツケの利く酒屋の店の片隅のツマミの缶詰を手に入れてオカズにして次の収入時まで繋いでいたものでした。情けない内輪話で恐縮ですが、ことほどさようなほど、私の人生は「現世」から剥がれ落ち続けていたのです。

そして、そんな私が、自分の出発から半世紀後にデビューした二十前後の若者たちの作品の中に、大庭葉蔵との血のつながりを見出した折に私の受けたインパクトを想像してみてください。

いかがでしょう、これだけの説明では、不足でしょうか?

第二部　外界と内面の狭間

——村田沙耶香の世界——

はじめに　沙耶香と葉蔵

太宰治と大庭葉蔵とが違うように、村田沙耶香とその作品のヒロインたちとが違うのは断るまでもありません。語呂がいいので、ついこんな題をつけてしまいましたが、これはむろん「沙耶香作品のヒロインたち」と「大庭葉蔵」という意味です。

「人間失格」の大庭葉蔵は、その人生の大方を『ひたすら無邪気な楽天性を装い、お道化たお変人』の仮面を被って過ごし、ついにその努力の疲労感に堪えかねて、薬物や女性や「思想」に依存した挙句、それにも失敗して、ついに「人間失格」して、孤独な隠居生活に入ってしまいました。そんなラストは第一部「自意識劇の変貌」に既述した通り「蹴りたい背中」（綿矢りさ）のヒロインの冒頭の状況ともオーバーラップします。

葉蔵の「仮面」戦術を彷彿させるのは、村田沙耶香の作品世界では「マウス」の「律」でしょう。（註1）初めは「マウスのように臆病で目立たない小動物」戦術をとっていた彼女は、ファミリーレストランでの学生アルバイトを機に、『大きな声を出し、活発に動き回り』『「元気がとりえだからな」』と同僚に評されるような仮面を被ることを覚えます。やがて彼女は「マウス」という言葉には『臆病者、内気な女の子』という意味の他に『かわいい子、魅力ある女の子』という意味もある、と辞書で知り、仮面でない素顔でこの世の中と勝負する気になって、物語は終わりますが、その試みの成否まではこの作品では示されません。同じような仮面の試みは、「ギンイロノウタ」の「有里」によっても行われます。(註2)彼女もコンビニでの学生アルバイトで同じ仮面を試みますが、不器用な彼女はすることなすこと失敗続きで仮面を被るどころの騒ぎではありませんでした。そして彼女は自分の「余り者性」克服の様々な試みの失敗の最後に、自分は化け物になるために、それ以外の道がすべて封じられていたのだ、という一種の選民思想に辿り着きます。

それは、「人間失格」の最後で葉蔵が、自分は人間失格だ、と自己規定することと一脈通ずるところがあります。人間を失格するということは、人間以外の何かになることです。「人間失格」のラストでは、作者はかつて葉蔵の愛人の一人であった女性に『「私たちの知っている葉ちゃんは、とても素直で、よく気がきいて、あれでお酒さえ飲まなければ、いいえ、飲んでも……神様みたいないい子でした。」』と言わせています。おそらく太宰の主張したかったのは、葉蔵は人間を失格することで神になった、という事だったのではあるまいか。そして、太宰が「神」として想定したのは村田が「化け物」と表現したのと同じものなのではなかったか。つまり、人間を超えたなにものか、という意味で。

　しかし、村田は太宰が立ち止まった地点では立ち止まりません。村田は葉蔵と寄り添うのを止めて、葉蔵を俯瞰し、彼を脅かし跳ね返す「壁」の検証にとりかかった、と言えます。つまり「余り者」から、余り者を産みだす「現世」という壁へと検証のターゲットを移します。「街を食べる」以降の村田作品のヒロインたちは、葉蔵をあれほど怯えさせた「現世」というものが、実は架空の「脳内フィクション」に過ぎず、人々を縛っているのは単に取り替え可能な一時的な「制度」に過ぎない、という結論に達してしまったようです。(註3) そして、その発見の上で、作中の「現世」そのものを流動し変形し続けるアメーバのようなものに作り替えてしまった。それが「生命式」以降の村田ワールドだといえるでしょう。(註4)

　そのような世界の捉え方と、大庭葉蔵のそれとの差は、まさに時代の差なのかも知れません。思えば、私や同世代の者たちは、少年時代の軍国主義的「現世」が唯一永遠の世界だと思い込んでいましたし、中学生時代になると、またもや性懲りもなく、その戦後民主主義的「現世」が唯一永遠の世界だと思い込みました。それ以来半世紀、世の変転を経て、いまや「現世」が唯一の永遠の世界だなどと思い込んでいる日本人などが、果たして何処かに居るものでしょうか？

　こうして村田沙耶香は、太宰治とは違う時代のなかで、太宰と同じテーマを追求しながら、当然太宰とは別のコースを辿るほかはなかった。そのコースの行き着く先は、半世紀前に出発した私にとっても興味深いものになりそうです。

註1　後述の一　「**余り者**」**と**「**外界**」のうち「**仮面**」**と**「**別世界**」、参照のこと。
註2　同、二　**外界としての異性**のうち**異性の損壊＝合体**、参照のこと。
註3　同、六　**外界の脳内空間化**、参照のこと。
註4　同、**七**　**制度としての外界**、参照のこと。

一　「余り者」と「外界」

一連の村田作品に通底するものは、余り者の意識だと言えるでしょう。

余り者の意識とは、外界（他者、風土）と内面（自己）との間の違和感のことで、それは大抵の人間に多かれ少なかれ意識されている、その意味では普遍的なものです。でも、ある者にとってそれはなによりも切実な問題として人生に立ち塞がってきます。

「自閉」と「挑発」……「授乳」

しかし、デビュー作「授乳」（「群像」二〇〇三年六月号、初出）では、余り者は主人公ではなく脇役として登場し、主人公は余り者への挑発者の役割を担います。主人公は女子中学生、余り者はその家庭教師の「先生」ですが、この図式は、やがて「ギンイロノウタ」で主人公の女子中学生が余り者、担任の「先生」が挑発者となって、役割が逆転します。

「授乳」での「先生」の余り者ぶりは比較的判りやすい。彼の母親は彼の父と離婚して、新しい男と暮らしているのですが、彼の幼時には、近所の人の噂話によると、

「で、新しい男が籍いれてくれないの。で、よく喧嘩してんだけどそのたびにここ（神社の境内）に子供すてんの。いやほんとに、子猫みたいに段ボールにいれられてさ、ゴミみたいにすてんだよ。仲直りするためにすてんだよな。痴話喧嘩の、いいおかずなんだよ。だから朝まで、ほおっとかれんの……」

捨て子イコール余り者、とは自明で、この擬似捨て子の繰り返しの中での彼の自己形成がどんなものだったかは想像がつきます。

主人公の少女の前に登場した先生は、廊下をまったく足音を立てずに歩き、先生からは先生の音がまるでしないから、目の前にいるはずの先生が、いるのかいないのかわからなく思えてくる。

先生は表情がなくて、くらげみたいに透き通っている。

先生は必要なこと以外はまったく喋らなかった。

先生は私と絶対に目を合わせようとしない。

彼はこうした極端な存在感の薄さで主人公の関心を惹きます。

主人公の女子中学生は、彼の自傷の傷口の手当をし、彼の顔に蛾の体液をなすりつけて、それを拭き清め、自分の未発達な乳首を彼に吸わせ、彼に子守歌を歌って聞かせます。これはもちろん一種の自慰行為であり、幼い性戯なのですが、しかし同時にそれが擬似的に捨て子を拾い愛育する拾い子行為でもあるのは確かです。いわば主人公の少女は、彼を拾い子して育てることで「捨て子イコール余り者」から脱却させようと、無意識に、そしてややサディスティックに努めています（相手を余り者から脱却させようとする努力が、常にサディスティックな色合いを帯びるのが、後述する「ギンイロノウタ」その他にも共通しています）。

主人公の少女は、「授乳」の瞬間をついに母親に目撃された時、

「先生が」
「先生が、勝手に」
「怖かった」
「先生が」
「私は何も」
「なのに先生が」

私が金魚のように口をぱくぱくさせながら吐いたのは、このような言葉の断片だけだったが、それだけで先生を見捨てるには充分だった。

こうして彼女は母の手前を誤魔化します。

彼はいわば再度捨て子になることで、彼の余り者性は完成するのです。いや、彼はこの間ヒロインの挑発によって、なにかしら変わった瞬間があったのでしょうか。彼女はこう思います。

私たちはいくら一緒の時間を共有しても、身体から脳味噌の奥までどこも、まるでつながっておらず、あの時間はお互いが自慰に没頭することによって成り立っていたのだ。

私はそれから一度も先生の話を聞いたことがないと。

先生にとっても、ヒロインはたまたま向こうからやって来た何かであって、それが立ち去ったからといって別にこちらから追い求めるような性質のものではなかったのでしょう。先生は終始余り者として安定したままだったのではないでしょうか。彼は徹底的に無抵抗に彼女の言いなりになってはいるが、それによって何かしら変わったような気配は見えません。余り者とは内面と外界との間の違和感の強い者、と前述しましたが、どうやら彼はその違和感を、外界を切り捨てて内面だけに立て篭もる、つまり「自閉」することで解決しているようです。外界を受け入れもせず、でも抵抗もせず、ただ外界に対してとめどなく存在感を希薄にすることで内面を護る。どうやらそんな「自閉」が余り者としての彼が採用した戦略のようです。

「自閉の安定」か「外界への解放」か……「ひかりのあしおと」

次作「コイビト」にも「御伽の部屋」にも「水槽」にも、余り者のドラマは色濃く浮かび出ていますが、ここではテーマの転移のダイナミズムを捉えるために、第五作「ひかりのあしおと」（「新潮」二〇〇七年二月号、初出）を先に取り上げてみましょう。

この作品の主人公、「誉」は、小さいころの仇名が「岩」で、現在も大学のクラスメートの間で「あの人、なんか、気持ち悪くない?」と囁かれる、無口な女子学生です。「授乳」の先生もたいへん無口でしたが、誉が、さまざまな兆候から彼と同じ余り者の系譜に連なることは明白です。彼女は極端に光を恐れ、その端的な具現として光の人影に追われる幻に時折襲われます。

彼女がそんな幻に取り付かれるようになったのには、小学二年生の夏、ピンクの布を被った怪人に未完成の公園のトイレへ閉じ込められた事件がトラウマになっているからですが、上級生の悪戯だったらしいその体験が、どうやら彼女の余り者意識への目覚めの引き金になっているらしい。その下地には、あまりにも睦まじい父と母——甘え上手で究極のカマトトとも言うべき母と、それにメロメロな父との間にどうしても割り込むことが出来ず、むしろそんな母の保護者の立場に幼時から置かれてしまった主人公の生い立ちが大きく影響していると思われます。

彼女が光恐怖の発作にとりつかれたきっかけは、眩しい真夏の戸外から薄暗いトイレに閉じ込められた恐怖の体験だったのですが、注目すべきなのは、その後の彼女の発作では光と闇とが逆転している事実です。成人後の恐怖の発作の際、彼女は明るい光から逃れて自室の窓のシャッターを閉じ、頭から蒲団にもぐりこむことでその恐怖から逃れようとするのです。あるいは、彼女が逃れたかったのは閉じ込められたトイレの闇からではなく、ドアの外に居るピンクの怪人からだったのかも知れません。ともあれ、問題は「光」と「闇」ではなく、「外」と「中」の関係だということは確かでしょう。

いずれにせよ、トイレに閉じ込められた事件は、それ自体が問題の本質なのではなく、もともと彼女の内部に蟠っていたものが、この事件がきっかけになって顕在化したに過ぎないように思われます。その、もともと彼女の内部に蟠っていたもの——それこそが彼女の余り者意識なのではないでしょうか。本来は自分に向って注がれるはずの父親の愛と保護とが、すべて母親に横取りされてしまうことから生まれる欠落感が、彼女のアイデンティティを奪い、外界への違和感を覚えさせる過程は容易に類推できます。

繰り返せば、ここでの問題は光と闇との葛藤なのではなく、外界と内面との葛藤なのです。彼女の意識の中で、「外界」が「光」、「内面」が「闇」として捉えられ、閉じこもろうとする内面を、しゃにむに引きずり出そうとする外界として、光の人影は彼女を脅かすのです。その意味では、「授乳」での余り者の先生を挑発する主人公の少女と、この光の人影とは同じ挑発者の役割を担っていると言えます。

しかし、「授乳」の余り者と「ひかりのあしおと」の余り者の大きな相違は、「授乳」の先生は、少女のいかなる挑発にも逆らわず、そのくせ何一つ変質しなかったのに引き換え、「ひかりのあしおと」の誉は、挑発者に対して内面に閉じこもろうとしていつも必死に逆らって逃げ惑っていることです。つまり先生は余り者としてそれなりに安定しているのに、誉は余り者としての安定を揺るがす要素を己の中に抱えていると言えます。彼女の中には、余り者のままで「自閉して安定」していたい思いと、そこから脱却して「外界へ解放」されたい思いとが無意識に葛藤していて、光の人影はそのジレンマの形象化として読み取ることが出来ます。

小説の最後で、誉は、

私はやっと気がついたのです。光の人影は、私を狂わせるために追いかけてきていたのではなかったのでした。私の狂気を止めるために、ずっと追いかけてきていたのです。

光の人影の腕の中に私はいるのだと、そう思い、私はとても安心して、その腕に身をあずけました。

と語ります。

つまり余り者としての彼女は、「内面」に閉じこもることをやめて、「外界」に自分を開き、外界にわが身をあずけるという新しい段階に踏み出したのです。「授乳」ではスタティックに安定していた余り者が、「ひかりのあしおと」ではついに動き始めたのです。

「仮面」と「別世界」……「マウス」

「ひかりのあしおと」の次に発表された書き下ろし長編の「マウス」(講談社、二〇〇八年三月、初出)は、「自閉」を脱却して動き始めた余り者のドラマです。「ひかりのあしおと」では余り者の「自閉の安定」の破綻から「外界への出発」までが描かれ、「マウス」では出発してからの余り者の「外界での軌跡」が展開されているのです。

余り者が、余り者のままで「自閉」から動き出そうとする時、二つの方向が想定されます。その一つは「仮面」であり、もう一つは「別世界」です。

この作品にはヒロインが二人登場します。

小学五年生の「律」が、自分で自分に密かに「マウス」という仇名をつけたのは、それが臆病で内気な女の子を意味する隠語だと知ったからです。正月に叔父に今年の目標を訊かれた彼女は

「人畜無害」と答えて大笑いされますが、とにかく家族や友達に対して、水を差したくない、と考えて……その邪魔をしない上手な相槌を打つよう心を配った。かといってあまりやりすぎて興味を引きすぎてしまうのも嫌なので、ほどほどの、毒にも薬にもならない言葉を、なるべく選ぶようにしていた。

相手の性格や状況などを考えてできるだけ素早くどんな返事が求められているか把握し、的確な返答を考え出すのだ。

人が、いつもどっかで怖くて、どう思われてるか怖いから……

嫌われたくもなく、かといって興味を持たれたくもなく、ひたすら存在感を薄めて生きたいというその生き方は、どこか「授乳」の先生に通じるものがあります。これもまた、外界（他者）と内面（自己）との間の違和感の一つの現われ方でしょう。彼女は真面目な良い子という砦に篭って「外界」に対して身を守ります。

後年彼女が大学生になり、ファミリーレストランでバイトを始めると、

あれほど人と話すのが苦手な私が、「職場」という空間では、不思議とすらすらと言葉を交わすことができた。……私は驚くくらい、大きな声をだし、活発にうごきまわり、顔色を窺わずに周りとコミュニケーションがとれるのだった。「今は仕事中です。私は店員です」と

いう仮面は、……それを装着すると臆病な田中律はいなくなる。

つまり、律は余り者という己のあり方から脱却する方法として、「仮面」という道を選んだのです。そういった目で見れば、小学生の頃の「マウス」としての律も、ありのままの自分でなく、意識的に装われていたという意味では、これも一つの幼い「仮面」だったと言えるのではないでしょうか。

もう一人のヒロイン、律と五年のクラスで同級生になった「瀬里奈」は、恐ろしく神経が傷つき易く、

……一週間に一回は、彼女の涙によって授業が中断された。……何が涙のきっかけになるかわからないので、私達は腫れ物に触るように用心深く彼女に接した。……彼女は突然ふっと立ち上がり、のろのろと教室を出て行ってしまったりする。どこかで思う存分泣いてでもいるのか、しばらくすると何事もなかったように戻ってきて、……とても繊細であるのに、周りに対してひどく無神経なのだ。彼女はどんどん疎まれ、嫌われていった。……

律が怯える「外界」が「他者」だったのに対して、瀬里奈にとってのそれは、音とか衝撃とか光とかいった無機質な刺激……いわば彼女を取り巻く「風土」であって、「他者」はどうやら無

視されているようです。

　彼女が例によって泣き出して教室を出て行った時、律が後をつけたことがありました。瀬里奈は、女子トイレの奥の掃除用具入れの中に身を隠します。律は、くるみ割り人形の絵本でマリーが洋服箪笥の中から異世界へ旅立つシーンを思い浮かべますが、しかし彼女が用具入れの扉を開けてみると、瀬里奈はその中で身を縮めて蹲っています。何をしているのかという律の質問に、彼女は、考え事をしていると答えます。考え事の内容は、自分が架空の部屋の中にいるという想像です。

「そこは……とても静かな部屋で……何の、音も、しません。……壁も、床も、天井も灰色で、……爪先がぼやけて見えるくらい薄暗い。……空気は暖かくも寒くもなくて、……ここは、私しか来れない秘密の部屋だから、もう、大丈夫。大丈夫なんだ……」

「小さいころからその部屋にいることを想像することだけが、あの、私の……楽しみだったんです。」

　つまり瀬里奈は彼女にとって違和感に溢れる「外界」から、自分の中の静かな暗い「別世界」へ逃げ込むことで安定しようとしているのです。

　律はなぜかそんな瀬里奈に苛立ちます。なんとかして彼女をあの灰色の部屋へ行かせまいと思案し、ある日の放課後、トイレの中で、いやがる瀬里奈に無理やり「くるみ割り人形」の中の、マリーが洋服箪笥の中からすばらしい牧場へとたどり着く箇所を朗読して聞かせます。そしてマリーがその国のお姫様になるところまで読み終えると、道具入れから出てきた瀬里奈はまるでマリーのような表情で、マリーと同じセリフを発します。律は怖くなって逃げ出しますが、しかし、翌朝学校で再会した瀬里奈は、まだマリーのままです。マリーのように軽やかに歩き、大きな声でしゃべり、前のように口ごもったり泣き出したりしません。そして帰り道では律の手から「くるみ割り人形」の絵本を奪い取るように借り受けて行きます。

それ以来、瀬里奈は『……マリーになりきることでうまくクラスに溶け込み始め……』いや、それどころか、子猫を苛める男の子を殴りつけ、仕返しに来た彼をモップの柄でさんざんに殴りつけます。そして宣言します。

「律、私、もう、外に出ないことにする」……「私、もう、ここから出てこない。……」

つまりそれは、くるみ割り人形の世界から出ない、という宣言です。

それ以来瀬里奈は『突然「出世」し』クラスの人気者になってしまいます。つまり彼女は、律の設えた「別世界」に入り込み、そこから出ないことで、「外界」との間に折り合いを付けてしまうのです。

「別世界」とは何か。瀬里奈にとってはそれは「くるみ割り人形の世界」ですが、ひょっとするとそれは、第一部「自意識劇の変貌」で触れた「蹴りたい背中」（綿矢りさ）に登場する「にな川」にとっての「オリチャン」、太宰治にとっての「私小説精神」と同質のものなのかも知れません。それによって現実を超えられるもの。自己も外界もひっくるめて超克してしまえる何物か。

八年後、律はファミレスのバイト学生、瀬里奈はイベントコンパニオンとして再会します。久しぶりに会った瀬里奈は長身の洗練された女性として、律には「選ばれた人」に見えます。でも、彼女の部屋には未だに各種の「くるみ割り人形」の本が溢れています。

律の働く店に来ると瀬里奈は、

「ここに来ると、安心する。息つぎ、してる感じがする」

「律としゃべらなくなってから、わたし、ずっとマリーだったから、そうじゃない私がしゃべるのひさしぶり」

「……なんだか、だんだんと、疲れるときがあるんだ。マリーでいるのが。」

と呟きます。律は瀬里奈が『もう八年も、同じ童話の中を泳ぎ続けているのだと思うと、なんだか、胸がつまった』。そして、「くるみ割り人形」を読まずに外界へでてみろ、と彼女に勧めます。

そんな瀬里奈の、いわばリハビリに付き合うことで、律に理解出来たことは、
マリーになりきることで、瀬里奈が個性的な魅力を得たのだと思っていたが、それは勘違いだった。……小学校のころから、世界中が刺激物で、なにもかも怖かったけど、人間にどう思われてもそれはどうでもよさそうだった。……小学校のころだって、きっと、あのまま泣きじゃくって嫌われていたって、いずれは、そのままの瀬里奈を面白がってくれる人を見つけることができたのだ。……瀬里奈は自分を見せるリスクを怖がらないのだ。だから時間はかかっても、いつかちゃんと、自分の場所をつくることができるのだ。

ということでした。ですから、律は瀬里奈に、

「……律はなんだか私よりずっと狭いところに閉じこもってるように見えるときがある」

と言われると、思わず逆上し、

「言っとくけど、瀬里奈がそんな性格で許されてるのは、綺麗だからだよ。……自覚したほうがいいよ、自分は自分が馬鹿にしてる世間に結局甘えて生きてるって」

と罵って絶交状態になります。でも、律には判っているのです。

どうせ私は臆病だ。人目ばかり気にしてる。瀬里奈が正しい。……我儘で、自分勝手で、常

識知らずなのに、個性的だねと言われて、受け入れられていく。私は駄目だ。いくらがんばっても、怖がって枠組みを出られない、つまらない女の子なのだ。

と。

こうして、律は、自分の選んだ「仮面」の不毛さを思い知ると同時に、瀬里奈が外界（他者）に受け入れられたのは、別世界へ逃げ込んだからではなく、ありのままの自分を曝け出すことを怖がらなかったからなのだ、と悟ります。その「ありのままの自分を曝け出す」ことこそが、律のもっとも避けてきたことで、そのためにこそ「仮面」を採用したのですから、この発見で律の受けた衝撃は想像に難くありません。

こうして瀬里奈はこのまま別世界を捨て、素顔で外界に向き合い、しかも外界に受け入れられてゆきそうです。つまり、彼女は余り者から脱却しようとしています。

一方、瀬里奈の言葉に傷ついた律は、飛び切り高価で個性的な服を衝動買いしてしまいます。いつもは「無難さ」でしか服を選ばなかった彼女としては、そんな些細な行為もこれから始まる歩みの、第一歩なのかも知れません。

やがて瀬里奈と和解した律は、改めて「マウス」という単語を辞書で調べ直した時のことを思い出しています。そこには、臆病者、内気な女の子、という他に、かわいい子、魅力ある女の子、という意味もあると記されていました。これは、律がマウス的な自分を「仮面」としてではなく、それなりの「素顔」として捉えなおし、それを外界へ曝け出そうとする意思の表現かも知れません。

ともあれ、「別世界」を捨てようとしている瀬里奈は、「くるみ割り人形」の本を持たずに一人で外出を試みて、スーパーのトイレのベビーベッドの陰に蹲って動けなくなってしまったり、律も、夜道を辿るうちに道沿いの建物の非常階段の奥の少しだけ開いている扉の奥に「別世界」が開けているような気がして覗き込んでしまったり、揃ってなにか危うい部分を未だに抱えています。二人の、余り者からの本当の脱却の物語は、この先から始まるのではないでしょうか。

「余り者」から「化け物」へ……「ギンイロノウタ」

「マウス」では二人に分かれていた「仮面」と「別世界」は、「ギンイロノウタ」（「新潮」二〇〇八年七月号、初出）ではヒロイン「有里」一人の中に体現されます。

気難しく専制的な父と、それに怯えてにこやかな優しい妻を演じている母との間の一人っ子として育った有里は、優しい母の仮面（オカアさん）が時折はずれてその下の神経質に苛立つ素顔（アカオさん）がさらけ出される母親に振り回されて、臆病で内気な子供として育ちました。思えば、「授乳」の先生も、「ひかりのあしおと」の誉も、この有里も、かれらの「余り者」意識には常に母親の存在が関わっているように思えます。
　幼稚園児の有里は、
　……テレビが終わると、私は子供部屋へ戻った。……私はかがんで押入れに潜り込み襖を閉めた。……壁も天井もはるか彼方にあるように思える。私はこの無限の空間を漂いながら……暗闇の中でかろうじて見える銀色の光沢に目をこらし続けた。
　この子供部屋の押入れは、彼女の愛好するテレビアニメ「魔法使いパールちゃん」のヒロインが魔法のステッキを使って異世界への扉に変えるドレッサーの代用品なのですが、つまりそれは「マウス」の瀬里奈が閉じこもった女子トイレの掃除道具入れと同じです。瀬里奈にとってそれが最初は架空の静かな暗い部屋への入り口だったのと同様に、有里にとっても、その押入れの中は、初めは何もない、しかしまことに心の休まる黒い部屋でした。
　しかし、ある日のテレビアニメの中で、
　魔法が失敗して、パールちゃんの服が脱げてしまったのだ。……胸元を隠した彼女の周りに、大勢の男性が群がる絵がさしこまれていた。……強烈な磁力で一瞬のうちに大量の男性を吸い寄せたパールちゃん……

というシーンを目にした有里は、それ以来、広告のチラシから男性の目玉だけを切り抜いては、押入れの天井へ止め処なく貼り付け続けます。そして、

真っ暗な中で寝そべると、闇の向こうで、すべての目玉が一斉にこちらを向いた気がした。……(大人になればこの目が手に入る。大人になれば、本物のこの目玉が、いくつも)

これが有里にとっての「別世界」なのですが、それは同時に、男を惹きつける「大人の女」としての自己の先取りでもありました。「マウス」の瀬里奈の「別世界」はあくまで架空のクルミ割り人形の世界だったのに対して、有里の「別世界」は、現実の自分に将来訪れる「変身(メタモルフォーゼ)」によって、自分が外界に「受容」されることへの期待の現われだったのです。

しかし、小学六年生になった有里が、女子の同級生の着替えを覗き見しようとする男生徒に『「ねえ、私の着替え、見せてあげよっか?」』と申し出ると、『「土屋さん(有里の姓)のは、いやだ」「なんで?」「なんか、気持ち悪いから」』と拒否されます。やがて初潮を迎えた有里は思い定めます。

価値が低いなら私は安さで勝負するしかない。わたしは誰よりも安く売るんだ。そして誰よりも喜ばれて見せるんだ。

と。

中学生になった有里は、上級生の一人に誘いを掛けられますが、いざ決定的な瞬間になると、今こそ、私は誰よりも私を安売りしなくてはならなかった。笑って足を緩めなくては。けれどそう思えば思うほど、私の腿は締まっていった。

かくて、有里の安売りは失敗に終わります。

家へ戻った私は、押入れをあけ、天井にびっしりはりつけられていた目玉へ指をのばし、それを乱暴に引き剥がしていった。

有里はこの時点で、現実での自分の「変身（メタモルフォーゼ）」によって外界に受容されるという期待を断念した、ということでしょう。

中学三年生になった有里は、
自分の肉体を観察しなくなって、だいぶたっていた。
私にはもう、一日という概念は記号でしかなくなっていた。（空のスクリーンがもう一度明るくなって、暗くなる。その点滅がおわったら、また帰ってこられる）
そこにはただ、外界への興味も期待も失った「余り者」の「自閉」の日常があるだけです。それはほとんど「授乳」の「先生」の日常の再現だと言ってもいいでしょう。女子中学生と先生との授乳のシーンを、当のヒロインは『あの時間はお互が自慰に没頭することによって成り立っていたのだ』と思い返しますが、「ギンイロノウタ」の有里は、テレビアニメでパールちゃんが操る魔法のステッキ代わりに彼女が愛用している銀色の指示棒を相手に、自慰に没頭します。先生が女子中学生を相手にしてやっていたことを、中学生の有里が指揮棒を相手にしてやっているのです。

こうして余り者としてそれなりに「自閉」し安定していた中学三年生の有里の前に、熱血教師を気取る担任の青年教師が現われます。彼は有里に『「自分の殻にとじこもってちゃだめだ、外に出ないと!」』と言い渡し、彼女に度胸をつけさせるためと称して、毎日終業前にクラスメートの前で五分間、スピーチをするようにと強います。

私は……その時間がきても黙って立っているだけだった。赤津(教師の名)の説教も、クラスメイトの不満を露にする声も、私には届かなかった。学校には透明の砂が天井までしきつめられ、それに埋もれた私たちの間に、言語は行き交わない。

有里は毎回五分間立ち尽くし、教師は意地になって毎日その徒労行為に固執します。「授乳」で余り者の先生の前に女子中学生が挑発者として現われたのと同じように、「ギンイロノウタ」の余り者の女子中学生の前にも挑発者が現われたのです。そして、そのどちらの場合にも、余り者はその挑発に対して「自閉」によってしぶとく対抗します。

ある日、その拷問の時間に有里はうっかりポケットから、例の銀色の指示棒を取り落とし、教師に取り上げられてしまいます。その拍子に何故か、今まで彼女の心を外界から隔離していた「自閉」の壁が崩れ去り、

急に、教室を満たしているのは透明な砂の音ではなくなり、一人一人の言葉が意味を持って私の中に入ってくるようになった。

彼女は家まで走り、部屋へ逃げ込みます。

（入ってくる。外の世界が私に入ってくる。塞がなくては。塞がなくては）

そして縄跳びの縄を首に巻き締め上げます。遺書を書き残そうとしてノートを拡げますが、突然、そこに「殺」の字を書き、そのままノートを止め処なく殺の字で埋め尽くしていきます。

それ以来、有里は家に帰ると教師への殺意をノートへ書き記すことで、五分間スピーチの拷問と、教師への殺意と、自殺衝動とに堪えるようになります。

ノートは衝動をくいとめるための頓服だった。……どんどん強いものを投与しないと効き目がなくなってくるのだ。

ノートの内容は次第にエスカレートし、止め処なく残虐で、微に入り細に亘るものになっていきます。

有里が閉じこもった「自閉」の殻が破られた時、彼女は再び「別世界」へ逃げ込みますが、このたびのそれは「殺人鬼」の世界でした。

ノートの中に作り出される殺人鬼の「別世界」は、有里の中学卒業式の日まで増殖し続けます。それは極限までエスカレートして、今や有里は実際に朝の登校時に教師を待ち伏せするほどまでに、現実世界との境界線は失われかけています。

ノートの通りにすれば……本当に殺せるのだということが、私にしがみついて離れなかった。卒業式の日には、「スピーチの特訓」を、さすがに教師は命じませんでした。『……とにかく、私は死なずにも殺さずにも済んだことにほっとしていた』。

中学卒業によって、挑発者との緊張関係から解放された有里は、同窓生が誰も進学しなかった私立高校への入学とともに、
自分は、いままで努力していなかっただけで、本当はやればできるのではないか、そんなことが胸をよぎり、わたしは興奮していた。……普通に生きていくということができるのかも

しれない。

と思い始めます。つまり余り者からの脱却への期待が再び蘇ったのです。

彼女の脱却の試みは、具体的には、高校入学によって解禁されたアルバイトへの挑戦でした。しかし、それはうまく行きません。コンビニの店員となった有里はすることなすこと失敗ばかりで、しかもその失敗を誤魔化そうとして身銭を切ったことまで見破られて二重に恥をかき、職場ではほとんどお荷物扱いになっています。こうして有里の余り者からの脱却の試みは挫折します。「マウス」の律はファミリーレストランのアルバイトでは別人格の「仮面」を被るのに成功しましたが、有里は「仮面」を被ることさえ出来ません。

そんな現実に堪えるために、有里は相変わらず殺意ノートを書き続けます。「仮面」に失敗した彼女は、こうして再び「別世界」に逃げ込むのです。中学時代では教師だった殺意の対象は、いつしか固有名詞を失います。現実世界で仮面化に失敗すればするほど、ノートのなかの殺人描写は詳しく長く血なまぐさくなっていきます。彼女の「別世界」は、ますます深化していきます。

有里はある日、以前のクラスメートから、挑発者だった教師の事故死を知らされますが、それがきっかけで、おそらく有里のなかで「別世界」と「外界」との間の最後の箍が外れてしまったのでしょう。

ノートの隙間にしっかりと収まっていたはずの世界が、いつのまにか、外へ溶け出していた。それは「マウス」の瀬里奈が、内部の別世界でのマリーの人格を外部の学校生活で発揮しだしたのと同様です。町を歩く有里は、行きずりの若い女たちの肉体が気になってたまりません。

……外で歩き回る肉体を見ると、とたんに欲望が這い上がってくるのだ。

服を剥いて、あの腕と腿を繋いでいる皮膚に、扉があるかどうか調べたい。

青白い皮膚。その奥でからみあいながら破裂しそうに詰まっている、血管と内臓のことを思わずにはいられなかった。

私には肉体の表面に、銀色の扉が見える。私はそれを開く。

有里はそのためにナイフを手に入れ、夏の街頭で獲物を物色します。

女の青白い皮膚には汗の粒が浮かんでいる。黒い髪の毛はきっちりとまとめられ、細い首が露になっている。私の頭の中はあっという間にそれだけに支配された。

有里が女の身体に捜し当て、開こうとしている銀色の扉は、かつての彼女の子供部屋の押入れの襖と重なり、「マウス」の瀬里奈の掃除道具入れの扉とも重なり、おそらくは「ひかりのあしおと」の誉が光の人影に閉じ込められたトイレの扉にも重なるものかも知れません。それは現実の「外界」と内部の「別世界」とを繋ぐ、あるいは隔てる唯一の通路です。有里は、己の内部の別世界を現実に繋げる通路を、そこに見つけたかったのでしょう。それは血まみれな殺人鬼が、心の内部から現実の世界へと出ていく通路です。

かつての押入れの襖や掃除道具入れの扉が、「外界」から「別世界」への入り口だったのとは逆に、この、女の身体に開かれようとする銀色の扉は、有里の中の「別世界」から「外界」への出口なのです。

「授乳」以来描き続けられてきた余り者の一群は、ここまでは一貫して受身で自己防衛的でした。余り者としての自分をガードする（自閉）か、あるいは余り者であることを見破られないように努める（仮面）か、非現実に逃げ込む（別世界）か、いずれにしても、傷めつけに来る外界から、「被害者」として身を守ろうとする余り者でした。ところが「ギンイロノウタ」のラスト近く、有里は初めて外界に対する「加害者」として立ち上がります。これは余り者としては明らかに新局面ではないでしょうか。

有里がその地点に達したのは、これまで見てきたように、彼女が余り者としてのあらゆる防衛策（「自閉」「仮面」「別世界」）を試み、また、「変身」（メタモルフォーゼ）によって外界に受容されようとも試み、そのすべてに挫折したからです。

そんな過去を、有里は次のように総括します。

私が選ばれた人間だからだ。私はたった一つの尊い手段を与えられていて、迷わずにここにたどりつくために、他の道は全て封鎖されたのだ。

誰もが理解不能の化け物だと私を罵るだろう。そのことを誇らしく思った。私は死体を演奏し、音楽を奏でる。私はもう人間ではないのだ。

この言葉に奇妙に照応する次のフレーズがあります。

もはや、自分は、完全に、人間で無くなりました。

これは太宰治の「人間失格」(「展望」一九四八年六月号、初出)の主人公大庭葉蔵の手記の一節です。「余り者」の先達の一人である彼が、惨憺たる人生行路の挙句、自己に人間失格の烙印を押したときの述懐ですが、そういえば「人間失格」の中には、こんな一節もありました。

……この一群の画家達は、人間という化け物に傷めつけられ、おびやかされた挙句の果、……敢然と「お化けの絵」をかいてしまったのだ、ここに将来の自分の、仲間がいる、……

みんなに化け物だと罵られることに誇りを感じる、という有里の言葉が、これとまたもや奇妙に交差します。外界の他者を「化け物」とみなしておびえる葉蔵と、他者に「化け物」と呼ばれることに誇りを覚える有里。ここにあるのは余り者の逆転、余り者の宣戦布告ではないでしょうか。

この書の第一部で私は、大庭葉蔵の曾孫たちの「余り者」ぶりの各相を尋ねてみましたが、そのうちのどのパターンにも無かった、現実の世界に対してアクティブに関わろうとする（化け物として襲い掛かろうとする）、もう一つの「余り者」の姿がここには提出されています。

しかし「ギンイロノウタ」の最後には、更なる展開が待っています。

女たちの身体に銀色の扉を捜し求めていた有里が、遂にそれを発見したのは自分の身体の上にでした。彼女はそれを開こうとします。

外の世界が私を呼んでいた。私の指紋と脳の貼り付いた跡にまみれた街に、今、初めて外からの光が触れていた。……銀に光る身体に手のひらをあてがい取っ手を発見すると、私は強くそれを握り締めた。……私は力をこめて取っ手を回した。その瞬間、視界が色彩の渦に飲み込まれ、音のない世界に、はっきりと、扉を開く音が響いた。

女の身体の銀色の扉が、有里の「内面」の別世界から現実の「外界」への通路だとすると、有里自身の身体の扉の向こうにある「外の世界」とは何でしょう？　自分の身体の扉の向こうにあるのは自分の内部なのではないのでしょうか？　それが「外の世界」だというのは、どういうことでしょう？

「中の中は外」という言葉があります。細胞膜に囲まれた生物の細胞の中には、やはり細胞膜に囲まれた泡があり、その泡の中は細胞の外なのだそうです。

有里の「内面」の世界には泡のようなものがあって、その中は有里の「外界」なのだ、ということでしょうか。有里が自分の身体の銀色の扉を開けて出て行こうとしているのは、そんな泡の中へなのかも知れません。そしてその泡の中にあるものこそが、有里の内面的な真の成熟なのではないでしょうか。

銀色の扉は、有里の「未成年のドラマ」の終結の象徴と見ることは出来ないでしょうか。

二　外界としての異性

この作者の追求するのは、常に外界に強い違和感を抱き外界と対立する人間（余り者）の問題です。外界は「他者」と「風物（とりあえず人間以外の存在をそう呼んでおきましょう）」とで成り立っています。私は前章で、その余り者たちが「他者」に対して、「自閉」するか、「仮面」を被るか、自分の中の「別世界」へと逃げ込むか、いずれかによって他者が内面に侵入するのを防ごうとする様相を見渡してみました。

ところが、他者にはそのように単純に避けたり拒んだりするだけでは済まない存在があります。それは「異性」です。余り者たちが性を持つ生き身の存在である限り、成熟期を迎えれば、そこには本能が、リビドーが、執着が関わってきます。ただの他者として排除するわけにいかない特殊な他者、それが異性です。

異性に対するこの拒否と執着との二律背反を、余り者たちはどう解決しようとするでしょう。その際に余り者たちが選んだのは、異性の肉体の代用品を見出す（「コイビト」）か、演劇空間で異性の肉体をフィクション化する（「御伽の部屋」）か、異性の肉体を損壊する（「ひかりのあしおと」「ギンイロノウタ」）か、という道でした。

異性の代用品……「コイビト」

「コイビト」（「群像」二〇〇三年一二月号、初出）のヒロイン、大学生の「真紀」は「……あたしは寝ること以外のことはほとんどねえ、なんでも面倒だよ。……」と言います。

……朝が来てからの日常の出来事はぜんぶ、霧の向こうの出来事のようで、……そうしてまた夜まで、鈍い五感のままだらだらと生活し続ける。

……リビングの時計が（午後）八時になる。それがあたしが一日中待っていた時間だ。

これは既述した「ギンイロノウタ」の、異性に自分の肉体を安売りするのに失敗し、変身への期待を断念したヒロイン有里が閉じこもる、自閉の世界と同じものでしょう。

……私の五感も閉鎖された。私にはもう、一日という概念は記号でしかなくなっていた。（空のスクリーンがもう一度明るくなって、暗くなる。その点滅がおわったら、また帰ってこられる）

という「ギンイロノウタ」の一節に、これはオーバーラップします。

そして「ギンイロノウタ」の銀色の指示棒にあたるものが、「コイビト」ではホシオと名づけ

られた縫いぐるみのハムスターです。『あたしはホシオと眠りにつく前の数時間に、一日のすべてを懸けている』。寝床のなかで、

あたしは子供のようにホシオに頬ずりし、ホシオと温めあう。……何時間もそうして「団欒」しているうちに、あたしはいつのまにか眠ってしまっている。

……ホシオはあたしにとってのすべての他者の役割を果たしてきた。恋人の役、家族の役、友達の役、あたしに実物の他者は必要なくなった。

「コイビト」の真紀が、「ギンイロノウタ」のヒロイン有里と同様な少女時代を送り、同様な挫折を経て現在の大学生活を送っているのは容易に推測できるでしょう。

真紀も有里のようにひとたびは変身を試み、異性に近づいてみたことがあります。真紀の選んだ異性は、女生徒に厭らしい冗談を言っては嫌われている高校時代の塾教師で、

その嫌われているところがあたしの気にいった。あたしとホシオの世界にはない、汚らしいもの、がその人にはあった。

ホシオからは絶対にしない体臭が、谷崎（塾教師の名）からは嗅がなくても感じられた。

あたしは自分とホシオの聖域に土足で踏み込まれるような汚されかたで、立ち直れなくさせられたかったのだ。

あたしは、ホシオと一緒に自分の内側の世界にとりのこされてしまったことを、どこかで後悔しつづけてるのかもしれない。

真紀は谷崎に身を汚されますが、しかしそれは、水をかぶればすぐに元通りになってしまうつまらない汚れに過ぎないと思った。……あたしの内側の「ここ」にはホシオしか来れなくて、ゲンジツの人間には立ち入れない領域なのだ。たとえば自慰の才能があって、自分の性欲を完全に満たすことが出来る人がわざわざセックスなどをしなくてもいいように、あたしのように愛を自己生産できる人間は、わざわざ他人との人間関係なんていらないんじゃないか。

こうして、真紀の自閉は完成します。

ところが、ある日、デパートのトイレのパウダールームで、真紀がホシオのふわふわの毛の中に舌を差し込んで「キス」しているところを、小学生の「美佐子」に目撃されます。

美佐子は『大きくてリアルな、オオカミのぬいぐるみ』の入ったリュックを片時も離さず背負っています。彼女は毎食、ムータと名づけられたそのぬいぐるみの、胃袋と称する紙袋に、自分の食事の半分を入れてよく押しつぶし、そして毎日一回おやつの時間にトイレに流します。マックで昼食中に、居合わせた男の子がムータに触ったというだけで、美佐子は彼を床に組み伏せ、首を締め上げ、お腹を踏みつけ、殺してやる！　と喚きます。

小さいころからホシオのことを完璧に隠し続けたまま生きてきたあたしとは違い、美佐子は現実の世界を丸ごとムータ側へと引きずり込もうとしているように感じた。現実をもうとっくにあきらめているあたしはその迫力に負けて口をつぐんだ。

そんな真紀が美佐子に頼まれたのは、ラブホテルへ一緒に行くことでした。美佐子は言います。

「……私、ムータの子供が欲しいの」

「……テレビで見たんだもん。ラブホテルのなかでは子供ができるんでしょ。私たちアイシアッテルんだもん」

「わたしはムータとつながりたい。普通の女の子と、ぬいぐるみじゃあ、あり得ないくらい、強烈に、ムータとつながりたいんだよう」

そんな彼女を見ているうちに真紀は、
ふと気づいた。あたしは美佐子に対して強烈な嫌悪感をおぼえているのだった。……あたしの世界には自分とホシオしかいない。……それがとてもグロテスクなことだということを、美佐子をみていて初めて気づいたのだ。美佐子の中に映し出されているあたし自身に対して、あたしは吐きそうになったのかもしれなかった。

テレビドラマから得た自分のラブホテルへの知識が、とんでもない誤解だったのを悟った美佐子は、自分の小指とムータとを赤い糸で結び、

「私たち、肉体も魂もひとつになるのよ」

「わたしたち手をつないだまま天国にいくわ。……そこではじめて、本当に、貴方と出会えるんだわ。……」

と宣言して、ホテルの屋上から身投げします。奇跡的に命を取り留めた美佐子を、真紀は訪ねていきますが、ムータと赤い糸で結ばれたまま、
白いベッドに横たわる美佐子の全身から、生命力のようなものが放出されていた。美佐子が生き生きとしていればいるほど、美佐子のことが異常に思え、あたしは怖かった。

あたしもこうなってしまうのだろうか。………寄生虫、急にホシオのことがそう思えてきた。

あたしはホシオを窓から放り投げた。

「そんなことをしても無駄だよ」美佐子のうれしそうな声がした。「……何度捨てたって、必ず、きのこみたいににょきにょき、生えてくるんだよ。ソレがなくちゃお姉ちゃんはもう、生きていけないんだもん」

美佐子の不吉な予言と共に、真紀とホシオの恋は、こうして終わります。『体臭』のある、『汚

らわしい』異性の肉体の代用品として真紀の選んだ、ぬいぐるみのホシオとの関係の行き着く先には、おぞましい狂気しか待っていないと真紀は悟ったのでしょう。

しかし、美佐子の言葉のように、今後も余り者たちの中には、何度捨ててもきのこみたいににょきにょき、リビドーが様々な形をとって生えてくることになります。

異性のフィクション化……「御伽の部屋」

「御伽の部屋」（講談社、二〇〇五年二月、初出）のヒロイン、大学生の「ゆき」は、たまたま路上で貧血を起して担ぎ込まれた、やはり大学生の「要二」の部屋に、どうしようもなく惹きつけられ、数日毎に通うようになります。

彼女にとって外界は『……何処もが締め切られた無機質な窓のない部屋のようで、息がつまった』。そして要二の部屋へのドアだけが『外につながる扉だった』（この部分については第四章の「外界としての風土」で再び触れたいと思います）。

要二はゆきと同い年ですが、
あたしはほとんど発言しないうちに許された。……関口要二には人を許す才能がある。……

要二はとてもよく出来た人工頭脳のようだった。どんな言動に対しても、それに対する的確で優しい返答がインプットされている。彼の言葉は温かく、常識的で、心に染み、その実、何も喋っていないのだった。

ゆきは『小さな頃から明るくてはきはきした子だねえとよく褒められ、大人に好かれる』娘ですが、しかし要二の前では『……あたしの手つきはわざとではなく本当に、おぼつかなく、不器用になっていたのだった』。

ゆきの、この「明るくはきはきした子」という姿は、これも既述した「マウス」の律が大学時代レストランのアルバイトで、

「私は店員です」という仮面をかぶると臆病な律はいなくなり、大きな声を出し活発に動き回る

という姿を連想させます。要二の御伽の部屋以外ではゆきは常に仮面を被り続けてきたのかもしれません。

一方、要二のほうは、

会えば会うほど要二は要二らしく変貌していく。彼は相手にとって都合のいい人物にカメレオンみたいに変化できる人なのだった。

要二は本当の要二というより、ゆきが仮面を脱ぐために必要とするフィクション……つまり別

世界を形成するための俳優なのです。ゆきは、

本当はできるからこそ、ある程度極端に自分を下げないことには、うっかり二人が対等になってしまいそうだった。そうなればせっかくぼんやり発生しだしたあたしたちの関係がきえさってしまうことを、ちゃんとわかっていたのだった。

こうして二人の関係は日に日に演劇的になっていきます。

二人の間に割り込んできた要二の友人「ケン」の飲みさしの紅茶に、彼が座を外した隙にゆきはカレンダーの留めピンを投げ入れ、要二はそんな彼女の頬を打ち、ゆきはその手首に噛み付きます。

どこまでがお互い本気にならない基準値なのか、計測している様子だった。

「もうあんなことをしてはだめだよ」子供の学芸会を見ているような棒読みだった。……あたしはごっこあそびの続きであることを示すため、子供がするようにしゃがみこみ、「ごめんなさいごめんなさいごめんなさい」と泣き声で繰り返した。

ゆきは要二と一緒に入浴しますが、

念のため要二の足の間に、太ももを差し込んで押し当てる。そこに当たるものが少しも堅さを帯びず、柔らかくぶら下がったままであることを確認した。……あたしは安心して体を離

す。

舞台での喧嘩は現実の喧嘩ではなく、舞台で演じられる恋は、現実の恋ではない。互いにいくら体を接触させても、舞台の上の肉体は現実の肉体ではない。現実の異性だったら勃起するはずの場面でも、舞台での異性なら勃起しない。そのことをゆきは確認して安心したのです。ここでゆきが目指しているのは、「現実の異性」を舞台に上がらせることで「異性の外界性」を除去することでしょう。それによって異性を通して外界が自分の内部に侵入するのを防ぐ。それが余り者ゆきのとった戦略でした。

しかし、ゆきもまた、「コイビト」の真紀や「ギンイロノウタ」の有里同様、そんな世界から脱出しようと、ひとたびは現実の異性に働きかけてみます。ゆきはケンとセックスを試みますが、最後の瞬間に相手を蹴とばして逃げ出します。

それをキッカケに、御伽の部屋でのゆきの演技はいちだんとエスカレートし、一種狂騒の色を帯び始めます。要二は次第にそれに調子を合わせきれなくなり、
今では要二は協力者どころか、足手まといでしかなかった。

……あたしがどんなごっこ遊びをしようとしているのか、とっさに理解できない要二が腹立たしかった。

虚構の痛みはあたし一人のもので、もう要二とそれを使って遊ぶことができなかった。

こうして御伽の部屋での虚構のドラマは終わりを告げます。

ゆきが要二に会いに彼の大学へ行ってみようと思い立ったのは、虚構の要二と現実の要二との裂け目を自分の目で確認してみたかったからでしょう。そこでゆきが出会った要二は、

……半袖を着、ベージュのハーフパンツを穿いている。そこから伸びている足は、風呂場で見たときよりもひと回り太く、下品なほど逞しく見えた。聞き覚えのない甲高い声が要二の唇から溢れている。……少し横顔がこちらに見えたと思った瞬間、関口要二なら絶対にしない、素早い連続のまばたきが三回、見えた。あたしにはそれで十分だった。

現実の要二は、当然ながら御伽の部屋という舞台の上の要二とは別人でした。

ゆきは御伽の部屋へ戻り、要二のシャツを身に纏います。

あたしは彼がするのと同じように襟元を正しながら、唇を「ぼく」と動かした。

僕は僕の音声にゆすぶられ、それでやっとわかった。要二は僕にただ、操られていただけの操り人形で、本物は僕自身の中にいたのだった。僕が探し続けていた理想の他者は、僕の中にいたのだった。……僕は要二と同じ方法でコーヒーをする。これも僕のほうが要二よりずっと上手だった。……もう要二はいらなかった。

「僕」はそのまま表へ出て、本屋へ立ち寄ります。

そこには天井まであるよく磨かれた鏡がある。……鏡の中には、完璧な「佐々木ゆき」の姿がある。佐々木ゆきの白い長い指が、鏡ごしに僕の指先に触れた。……やっと会えたねというように僕の指先を握り締めながら、佐々木ゆきがこちらを見つめ返している。

こうして物語は終わります。ここに描かれているのは憑依現象でしょうか。ゆきの体に理想の要二像が取り憑き、その「僕」が鏡に映ったゆき自身の体と出会い、結ばれる。

他者とは、要するに自分の思い通りにならない相手でしょう。自分の思い通りになるのは自分自身以外にはあり得ません。ゆきの行き着いた「理想の他者」とは、自分自身でした。余り者にとって舞台の上での究極の異性は自分自身以外にはない。ゆきの演技は一人二役……自分自身への恋、自分自身とのセックス。つまり自己の異性化です。いうなれば、ゆきは、「他者としての異性」と結ばれることを断念した、ということでしょう。

大人のゆきの物語に並行して、この作品には、小学生時代のゆきと中学生の正男との物語が差し挟まれます。二人は鍵を掛けブラインドを下ろした正男の部屋で二人きりで閉じこもりますが、そこで正男はスカートを穿きキャミソールを着け、ゆきに自分をお姉さんと呼んでくれと頼みます。『……ゆきちゃん男の子みたいと言って、正男お姉ちゃんが笑った』。正男は大きな毛皮のコートを羽織ってベッド仰向けになり、ゆきはそのお腹の上に乗って毛皮に顔を埋めます。ここにも、もう一つの演劇空間が形作られます。幼いながらも異性同士が抱き合うのですが、その空間の中では男が女役を、女が男役を演じることで、肉体はフィクション化され、それによって、異性の外界性が消去されます。大学生のゆきの戦略の原型は小学生時代に正男から伝授されたものだとも言えるでしょう。

注目すべきなのは、このサブプロットにはもう一つのテーマが含まれていることです。子供時代のゆきは、想像の中でテレビの画面をイメージし、そこに雲ひとつない青空の下の優しいそよ風が草花を揺らしている広い草原をいつも想像で映し出していました。しかし実際の草原へ父に連れて行ってもらうと、そこにあるのは嫌いなもの、気味悪いもの、脅威を覚えるものばかりでした。

絵の上手い正男は、いつも草原の絵しか描かないのですが、自分の描いた絵の世界へ「帰りたい」といって泣くので、ゆきはその絵に窓枠を描いて、絵を掛けた壁の向こうに別世界があるようにしてあげます。最後に正男は、小学校三年生になったゆきを夜中の三時に公園に呼び出し、傘の先で草花の絵を、それぞれの名をいちいち告げながら、とめどなく地面に描き続け、それっきり姿を消します。これらのエピソードもまた、おそらくこの二人の「外界としての風土」への違和感を語っているのでしょうが、それについては次章で再び触れたいと思います。

前に触れた「授乳」の、ヒロインの中学生と家庭教師の先生との「擬似母」と「擬似赤子」の授乳ゲームも、「御伽の部屋」での演劇空間の創出と同じ性格のものだったのでしょう。授乳演技によって、二人の肉体はフィクション化され、その性戯から現実性が失われ、それによって外界の侵入が防がれたのです。

異性の損壊＝合体……「ひかりのあしおと」「ギンイロノウタ」

これも既述した「ひかりのあしおと」には、二人の異性が登場します。

ヒロイン誉のバイト先の店長だった「隆志」は、ピンクの怪人の呪文に取り付かれた誉には、隆志さんの理路整然としたところは、私をこういうくだらない呪縛から解き放ってくれるように思えました。

確かに隆志は『「……君はその群集の一部になることを心のどこかで嫌がっているわけ。」』と言うように、誉のある面を理路整然と分析できる存在なのかも知れません。

ここまで述べてきた「コイビト」の真紀も、「御伽の部屋」のゆきも、この誉も、異性とのセックス行為そのものは拒否していないことに注目しなければなりません。

ただ、誉にはセックスまでに至る恋の手続きが煩わしいのです。彼女にとってはセックスは、いかに最小限の努力でそれを成すか、という一致した目的のもと、私達はお互いにベストを尽くしているのでした。変な好奇心を出さずにきちんとその任務にのみ徹してくれる隆志さんは、私にとって今までに出会った最高のパートナーでした。

『……私のレンアイに対する願望と拒否反応は常にせめぎあっていて……』と誉は述べていますが、余計者は恋への「願望」によって体への侵入は許容するのですが、心への侵入には「拒否反応」を起すのです。しかし恋とは互いの心へ侵入し合うことではないのでしょうか。こんな誉に恋が出来るわけがありません。

誉が拒否するのは『「君は神経質すぎるね。僕はそういうところを、治してやろうと思っているんだ……」』といった隆志の働きかけなのです。隆志に対して、やがて、
私の心理を一人で楽しそうに分析して決め付けていく、この喋り方にとても惹きつけられていたときもあったのに、どうしてこんなにおぞましいのでしょうか。

と誉は思うようになりますが、その変化は、彼が彼女の体だけでなく心にも侵入しようとしだしたからでしょう。
誉は『恐る恐る』彼の頭からコーヒーをぶっかけ、二人の関係は終わります。ただし、隆志は、この作品の中では脇役的な存在に留まっています。

誉のもう一人の異性は、大学の一年生同士の「蛍」です。誉は公園で蛍のくれた何もつけない食パンを四枚も食べてしまうのですが、
口に入れるものが美味しいということが、いま、自分が正しい場所にいる証明である気がします。いつのまにか私の緊張は解け、それどころか胎児に戻ったように安心しきっていました。
誉は、幻の「光の人型」から自分を助け出してくれる人を常に探しているのですが『……それは芹沢蛍なのではないでしょうか?』と思います。
彼女は蛍を自宅に招きます。そこで誉は、蛍を床に仰向けに寝かせ、蓋をあけたアイスクリームのカップを彼の額と、左右の掌と、胸の上に置き、『「だめだよ、蛍、ゲームなんだから。アイスを倒したら負けだよ」』と宣言します。そして、

……蛍のジーンズの中に右手を指し込みました。……私はすぐに力をこめてそれを握り締めてしまいました。……蛍はもう言葉を発さず、彼の声は吐息だけになってしまいました。

……やがて蛍が、微かに痙攣しました。

その拍子にアイスは倒れ、ゲームは終わります。

このゲームの意味するものは何でしょう。異性の肉体を磔にして固定し、動きを奪い、その上でその肉体を弄ぶ。つまり異性の肉体を完全に受動的なものにした上で、異性に対して行為を起す。これなら、異性の外界性に侵入される畏れはありません。でもそれは、誉が、「コイビト」の真紀と同じことを、ぬいぐるみの代わりに蛍の体を用いてやっているに過ぎないのではないでしょうか。それはゲームという一種の演劇空間で一時的に成立するだけのもので、アイスクリームのカップが倒れただけで、脆くも消滅してしまいました。

誉は、次に蛍を自宅の物置小屋へ拉致し監禁します。その際脅しに用いられたのが草刈鎌だというのは、これもゲームの続きだという証でしょう。大の男が女の子の持つ草刈鎌一本で自由を奪われるとは、現実にあるわけがないのは自明です。草刈鎌はいわばゲームの切札のようなもので、それを出せばオールマイティーだというゲームのルールのようなものでしょう。この際蛍もこのゲームに意識的積極的に参加していることも自明です。

だが、そのゲームのさなか、誉はちょっとしたはずみで蛍の体を少しだけ草刈鎌で刺してしまいます。それをきっかけに、誉は『蛍の身体から、もっと赤い液体をいっぱいかきだして、そして、私はそれをよくかき混ぜるのです。とても丁寧に、いつまでも』という気になります。それまでに、誉は、『もう、物置と私に境界線はありません。そしてわたしと蛍にも境界線がありません。……私たちは、四角い容器の中で溶け合って、一つの生命体になったのです』という一体感に身を委ねていたので、蛍の皮膚を傷つけたのをきっかけに、二人の境界である皮膚をもっと破り、二つの肉体をもっと溶け合わせて一体感を完成しようとしたのでしょう。しかし、その瞬間、誉に付きまとっているピンクの怪人の呪文が蘇り、誉と蛍はゲームの呪縛から解き放たれます。

果たされなかった誉の志向は、異性の肉体を破って自分の肉体とかき混ぜ、自己と異性とを溶け合わせて一つの生命体と化することでした。それは事実上は相手の肉体を損壊することになるのは、その際その思考からは剥がれ落ちています。それは例えば愛するあまり相手を食べてしまうような常軌を逸した行為と一脈通じるものがあるのかもしれませんが、いずれにせよ、それは現実世界では遂行不可能か、あるいは狂気として把握される道であることは確かです。

「ギンイロノウタ」に登場する異性は、ヒロイン「有里」の中学三年生時代の担任の熱血教師気取りの「赤津」です。彼は、自閉する有里に対して『「土屋はちょっと度胸をつけたほうがいいな。俺がたたきこんでやる、な」』と言って、毎日教室で五分間スピーチを命じるのですが、それは『「君は神経質すぎるね。僕はそういうところを、治してやろうと思っているんだ……」』と「誉」に告げる「ひかりのあしおと」の「隆志」と一脈通じるところがあります。赤津も、もしかしたら有里に異性として興味を抱き、それをそんなお節介の形で表現しているのかも知れません。

誉がそんな隆志に拒否反応を示したように、有里も赤津にやがて強い殺意を抱くようになり、想像上の殺害シーンを毎日ノートに克明に記します。初め想像の中だけで行われていた殺人は、次第にエスカレートし、残虐の度を増し、遂には現実に有里は学校の駐車場で赤津を待ち伏せするまでになります。しかし、そのとき有里の手にあったのは凶器ではなくシャープペンシルでした。

卒業して赤津から解放されてからも、有里の殺意は続きます。

いつしかノートに「赤津」という固有名詞が出てくることはほとんどなくなっていた……私は熱心に殺害の光景を書き込んでいった。

初めは、赤津から与えられる苦痛に耐えるための手段だった、殺しの想像が、何時の間にかそれ自体が目的となり、対象さえも不特定になっています。これはもはやそれ自体がリビドーの噴出です。彼女が標的にアプローチする際『冷静な分析の上に、すぐに発情が覆いかぶさってきた』のです。

有里のリビドーはこのとき性別を越境したのかも知れません（これは、この作者の近作「ハコブネ」で、登場人物の一人が、与えられたものとして自己の性を受け入れるのでなく、改めて自分で選び直そうとする姿が描かれていることと、関連付けてみることも出来そうです）。彼女が街頭で目を付ける相手は、いずれも女性で『自分と同じ年くらいの女の子』『大学生風の若い女』『ＯＬ風の華奢な若い女』『黒いスーツ姿の、上着までしっかりと着込んだ若い女』などであり、その『……肉体の表面に、銀色の扉が見える』『銀色の扉を開けたい』という衝動を有里は押さえきれなくなり、そのために金物店からナイフを万引きします。

留意しなければならないのは、この有里も「ひかりのあしおと」の誉も、結果的には相手の肉体を損壊しようとするのですが、しかし当人の意図しているのは相手の損壊ではなく相手との融合だということです。誉の加害の目的は、蛍と共に一つの生命体として溶け合うことでしたが、有里の場合も、そのきっかけとしては赤津への殺意に発してはいるが、いまや彼女は、……標的の身体の中に、銀色の扉を見つけ、それを開かなくてはならない。そしてその扉の向こうへ踏み出さなくてはならないのだから。

しかし結局、有里が開くのは、自分自身の肉体の表面に発見した「銀色の扉」でした。「御伽の部屋」のゆきが、自己の肉体に理想の他者を発見したように、ここでも有里は自己の肉体に開くべき扉を発見するのです。

ここで取り上げた異性たち、要二、蛍、のみならず、異性の代用品のホシオ、誉の標的の女性達を含めて、余り者たちのリビドーの対象は、結局最後には余り者自身に重なり合おうとし、融合しようとします。

つまり余計者は、「他者としての異性」から、なにかしらの形で他者性を取り除こうとします。「他者でない異性」とは言葉の矛盾ですが、その矛盾を余計者は強引に解消しようとします。ところが「他者でない異性」とは「自己としての異性」しかあり得ないわけですが、これもまたもう一つの言葉の矛盾です。これらの一連の作品には、こうした矛盾の中でもがきあがく余計者の姿が活写されているのです。

三　異物としての自己の性

村田作品の主人公たちは、常に外界への違和感に悩み、外界と葛藤してきましたが、やがて、ついにヒロインたちは、女性としてのおのれの身体にまで違和感を持つに至ります。

性器への違和感……「星が吸う水」

「星が吸う水」（「群像」二〇〇九年九月号、初出）の「鶴子」は、恋人とセックスしていると『なんか男とか女とかが無くなる』と感じます。そして『あたしの性志向はまだ作り途中だ』と思い、そういうものは『一生かけて、調べたり、探したりして、つくりだしてくものなんじゃないの?』と語ります。

そんな鶴子は、たまたまインターネットのホームページの怪しげな記事、

動物だけでなく、物体にも、必ず、性器があることが証明された。……地球も一つの大きな物体であるため、もちろん、性器がある。地球と性器を結合させることにより、私たちは、その特別な体験を通して、素晴らしい力を得ることができる。

を読み、地球の性器探しを思い立ちます。

『「大体、地球って、男なの、女なの？」』という友人の疑問に対して、鶴子は、

「どっちでもないんじゃない？　ペニスの形でもヴァギナの形でもない、地球オリジナルの性器なんじゃない？」

と答えます。人間の性器についても、

鶴子は、場所すら、足の間に特定しなくてもいいような気がしていた。……それぞれが、身体の中で一つ、特別な場所を見つけて、それを自分独自の性器として、大切に育てていけばいいのではないか、と思えた。

という捉え方をしています。

鶴子は、初めからセックスの相手を男性と決められていることが我慢出来ず、自分の意志で決めたい、たとえそれが地球であろうと、自分で選びたい、と望みます。性器でさえもそれを予め決められている通りにではなく、自分で決めたい、と望むのです。そんな志向は、放尿にまで及びます。鶴子は、自分が女性としての身体的なハンディによって、立ったまま放尿出来ないことに苛立ち、なんとかしてその限界を超えようと試みます。この作品は、鶴子がそれに成功したシーンで終わりますが、この一見ユーモラスなラストシーンに作者が込めた意味は、「自分のこ

とはすべて自分で決めたい」、セックスの相手も、性器の決定も、放尿法も、予め自分以外の何者かに決められているのは我慢ならないという強烈な自我意識ではないでしょうか。

自己の性への違和感……「ハコブネ」

「ハコブネ」(「すばる」二〇一〇年一〇月号、初出)のヒロインのひとり「里帆」は、胸のふくらみを押しつぶすタンクトップと短髪のウイッグを身に着けます。それは、『生まれて初めて自分の性別を探しているところ』で、『まずは性別をゼロにして』『身体の発達に従うのではなく、自分の意志でもう一度第二次性徴をやりなおして、好きな性別を選び取ろう』と思うからです。『肉体は女で心は男である人たちが集まるバーやカフェ』は『性が確定した人の居場所』で、自分のような『中途半端な状態で行くことはできない』と感じるので、『他者との関わりがなくて、それでいて他者がたくさんいるような場所』を求めて、会員制の「自習室」に通います。

その動機は、

ほんとうに好きな人としかセックスをしたことがないのに、肌に直接触れられた瞬間にセックスが拷問に変わってしまう体験を、もう何度も重ねてきていた

からです。

セックスに激しい違和感があるのは、まだ自分が何なのか見つかっていないせいで、根気よく探せば自分に心地よい性自認や性的指向が、きっとあるのだと信じていたかったからです。

そうした切実な動機があったにしても、こうした志向に見える強烈な自我意識には驚くべきものがあります。自分の事は全部自分の意志で決めたい。たとえそれが自分の性別であろうとも、自分の意志に関わりないところで自分以外のものによって決定されたくない。これは前述の「星が吸う水」の鶴子にも通ずるものでしょう。

「ハコブネ」では、里帆が自習室で知り合った年長の女性二人のうち、「椿」は、

「セックスが辛いのだって、あなたがちゃんと女をやっていないからじゃない？　自分の性とちゃんと向き合っていないせいなんじゃないの？」

と批判し、もう一人の女性「知佳子」は、

「多分、セックスが辛いのも、セックスはこういうものだ、っていう教科書みたいなのが里帆ちゃんの中にあって、それを真面目にやろうとしているからじゃないかなあ。」

と批判します。だから里帆の『自分はずっと、大好きな人と一緒に、性別を脱ぎたかったんだ。性別を脱いで愛し合いたかったんだ』という想いに対しても、知佳子は里帆が『性別を脱ぐどこ

ろか無性を着込むようになっている』と感じます。

「里帆ちゃんはなにか大きなものに縛られてるって感じているのかもしれないけど、あたしには、里帆ちゃんが縛る側の人間に見えるよ。人を縛るロープを手に持ったままだから、自分のことも縛っちゃうんだよ。だから苦しいんじゃないかな。」

椿は与えられた性（女性）の立場から、そして知佳子は性を超えた立場から里帆を批判していることになります。

ところで、これから取り上げねばならぬ対象は女性のセクシュアリティですが、残念ながら男性の私にはこれをうまくシミュレーション出来る自信がありません。男性のセクシュアリティは、端的に言えば放出には常に快感が伴い、欲望なしには挿入ができない、という、ある意味では造作もない構造になっています。ところが女性の場合は、どうやら欲望と性行為と快感は、必ずしも連動するとは限らないらしい。従って、私はそんな自分の想像力の限界を意識しつつ今後の検証を続けるほかはありません。

知佳子は、

性別なんていうものがこの世に本当にあるのか自体わからない

性別なんておままごとの中の単なるルールだ

と思っていますが、でも同時に、
　どこかで、いつか皆と同じようにおままごとの世界で肉体を手に入れて、そこでずっと人間として暮らすことを望んでいた
のです。だから、珍しく彼女が好ましい男性と感じていた伊勢崎に『「おれたち、付き合いませんか？」』と申し込まれた時、『「じゃあ、セックスをしてから決めませんか？」』と提案して彼を驚かせます。
「ちゃんと、確認してからの方がいいと思うんです。……私たちの間にセックスが成立するかどうかです」
と説明して、彼女は実際に彼とセックスしてみますが、
　会って話しているときはそうでもないのに、こうして身体を触れ合わせていると、魔法がとけて、伊勢崎が星の欠片に戻っていってしまうようだった。
　おままごとは現実にはならなかった。肉体感覚は、物体感覚にはかなわなかった。
こうして、彼女の試みは失敗に終わり、彼女は人間として暮らそうという『未練は伊勢崎への肉体感覚と一緒に断ち切ろうと思った』。
　彼女は、その朝伊勢崎に別離をつげた有料庭園のゲートを夜半に乗り越え、庭園の奥の、土

がむき出しになった場所を見つけます。『果てしなく大きな塊と、自分と、大きさはまったく異なっても、大きな欠片と小さな欠片、星の欠片同士として向き合っているのを感じていた』。そして『知佳子の身体が、肉体でなく物体になっていく。物体の知佳子にまとわりついていたおまごとが解けていく』。こうして彼女は地球とセックスし『二つの欠片は溶け合っていた』。こうして知佳子のセックスは成就します。

また、里帆も、知佳子の、

「もっと自由に、自分に素直に、自分にとってのセックスがどんなだか、今度、人間じゃないものとでもしてみれば？　ほら、その枕にしてるやつとかさ」

という冗談めかした忠告に刺激され、本当にクッション相手にセックスをしてみます。

自分がしたかったのはこうした行為なのかもしれない。……記号としての男や女の身体ではなく、ただ、肉体そのものとして愛し合う、そんな単純なことができなかったのは、自分が記号の中に閉じ込められていたからかもしれない。

そんなセックスの後、里帆は雨上がりの朝に、

窓のブラインドの隙間をあけて外を見ると、ビルも人間も消えており、そこに広がっているのは、はるか遠くまで続く、灰色の凹凸だった。……硬い岩の隆起は時を停められた灰色の

波になって、こちらをじっと見上げていた。
これは言うまでもなく知佳子の持つ宇宙感覚、この星（地球）の表面に蟻塚や鍾乳洞を思わせるような巨大な灰色の突起が幾つも生え、それははるか遠くまでつづいている。
そしてその突起の『少し小さめで濃い灰色をした一つ』が自分の通う会社のビルだ、と感じる感覚に、里帆の感覚が同調し共鳴した瞬間でしょう。ただ、次の瞬間には、『光景は元に戻っていた。ビルの間をタクシーが通り、歩道を人が歩き始めている』。里帆は結局知佳子にはなれず、元の世界へ戻ってしまい、彼女の課題は先送りされることになります。

第三の肉体関係……「ガマズミ航海」

「ガマズミ航海」（「群像」二〇〇九年一二月号、初出）の三〇歳のＯＬ「結真（ゆま）」にとっては、性行為とはセックスとしての性行為とニセの性行為との二種類があり、最近は彼女は相手の体温を膣でしゃぶって楽しむだけの後者の性行為ばかりしているが、相手はそれを前者だと誤解して纏い付いてくるのに辟易し、性行為でない肉体関係を定義し確定したいと望みます。彼女の年少の知人「美紀子」もその考えに興味を持ち、二人でそんな肉体関係を模索し出します。美紀子は男性の恋人と愛し合っているのにセックスが嫌で堪らず、それでいてある飢えからその都度セックスに応じては後悔してしまう悪循環から逃れるため、セックスでない肉体関係でその飢えを解消したいと望みます。二人はそんな「第三の肉体関係」を「ガマズミ」と名付け、互いの身体の各部分で、実験を繰り返し、やがてついにそれを見つけ出したと感じ、喜びます。しかし次回、同じ行為をした際、結真の肉体は心ならずも性的な快感を覚えてしまい、実験は失敗に終わります。

前述のように男性としてのセクシュアリティしか持てない私にとっては、実のところ「セックスでない性行為」とか「セックスでない肉体関係」とかいったものはどうにもシミュレーションし難く、従ってこの作品は私にとってはもっとも難解な作品の一つです。こうした感覚が、女性に普遍的なものなのか、あるいは特殊なものなのか、それさえも不案内です。

ただ、このヒロインたちの、従来の性行為の通念にとらわれず自分たちで新しい肉体関係を発見しようと試みるパイオニア精神には、一種の感動を覚えます。自己の性に対するこのような通念に捉われぬ探究心や自己の性への違和感が、のちの村田作品の「外界の脳内空間化」の段階への引き金になっている事だけは、こんな私にも読み取ることが出来ます。

四　外界としての風土

ここまで、村田沙耶香の作品世界は常に主人公の「内面」と「外界」との葛藤（疎外感）のドラマであると述べてきました。彼女らにとっては、自己の肉体さえも外界の一部として捉えられているようです。

「外界」を、いちおう「他者（人間）」と「風土（人間以外のもの）」とに分けて考えることにして、今回は、人間以外の外界としての「風土」と主人公の関係を見ようと思います。

村田作品では、主人公は常に風土にも疎外感を抱いています。その疎外感の解消のために、主人公たちは、まず風土からの「脱出」を図ります。しかし、やがてその舵取りは、風土への融合、風土との共生への意志へと変わります。

「風土」からの脱出……「御伽の部屋」「マウス」

「御伽の部屋」では、「異性のフィクション化」で取り上げたメインプロットと並行して、小学生時代のヒロイン「ゆき」と中学生「正男」にまつわる回想が語られます。

ゆきは、幼稚園の頃から、頭のなかに架空のテレビを設定し、そこに明るい風景を映すことで現実の退屈さを解消しようとしています。やがてその画面には、「美しい草原」の上に「雲ひとつない青空」が広がっており「優しいそよ風」が草花を揺らしている。そのセンチメンタルで少女趣味的な映像が、執拗に、いつまでも、映しだされていた。

小学四年生の頃、彼女は『おでこの中のテレビでずっと見続けてきたその場所に行ってみたく、……』父にねだって草原へ連れて行ってもらうのですが、本物の草原はちっともよくなかった。泥、虫、痒み、というあたしの嫌いなものがびっしり敷き詰められているだけだった。……土の中にも、枯葉の裏側にも、生きたものが隠れて動き回っている。それは脅威だった。……それぞれの命が生きたいという意志を持っていて、とても都合が悪い。

そんなゆきが友達と公園で遊ぶオママゴトのお父さん役として動員されるのが、友達の兄の正男です。中学生の正男は美術部員で草原の絵が上手く、

……自分の世界を紙の上に設計しているのかもしれなかった。画用紙の上にシャーペンの線で、一つ一つの植物が精巧に描き込まれている。……「こういう所に行ってね、好きな人と

寝そべって、いつまでも、眠っていたいの」

そう言う正男は、自分の部屋の壁に貼った草原の絵の上に茶色の紙を切り抜いて作った窓枠をつけ、『「こうすると、ただ紙に書いてあるよりずっと本物みたい、本当に行けそうな気がする」』と呟き、

……その先に本当に外の世界が広がっているかのように、左から右からと頭を動かして画用紙を覗き込んでいる。

前述したように、正男は性同一性障害に悩み、ゆきの前で女性の下着姿になることで、やっと現実への違和感に耐えています。ゆきが頭の中の架空のテレビに映す草原と、正男が画用紙に描く草原とが同質であるのは言うまでもありません。

やがて正男は、ゆきを真夜中の児童公園へ呼び出し、傘の先で公園の地面に野の草の絵を、その名前を口ずさみながら止め処なく描き続け、ゆきは正男が、

どこにも存在しない帰りたいといっていた場所を、ついに自ら生み出してしまおうとしているのがわかった。

しかし、公園中の地面に野草の絵を描きつくしても、

そこから見えたのは、……汚い、でもいつもの児童公園でしかなかった。……それが正男お

姉ちゃんと会った最後で、……正男お姉ちゃんは何かをあきらめたんだということがあたしにもわかった。

成人したゆきが、前回紹介したように要二の「御伽の部屋」へ通うようになってから、あたしにとって、家の中の自室も、大学の講堂も、グラウンドも、街路樹に挟まれた大通りも、何処もが締め切られた無機質な窓のない部屋の中のようで、息がつまった。あたしは外に出たかった。……

と感じるのと、中学生の正男の感じていたものとは、現実の風土への違和感として、これも同質でしょう。

ゆきも正男も、こうして現実の風土から、架空の風土（正男の「草原の絵」や、ゆきの「頭の中のテレビの草原」や「御伽の部屋」）へ脱出する時にだけ、初めて息がつけ、安らかに眠ることが出来るのです。

「マウス」のヒロインの一人、「瀬里奈」について、私はこのように前述しました。

律（もう一人のヒロイン）が怯える「外界」が「他者」だったのに対して、瀬里奈にとってのそれは、音とか衝撃とか光とかいった無機質な刺激……いわば彼女を取り巻く「風土」であって、……瀬里奈は彼女にとって違和感に溢れる「外界」から、自分の中の静かな暗い「別世界」へ逃げ込むことで安定しようとしているのです。

そんな瀬里奈が、やがてもう一つの別世界「くるみ割り人形」の世界へ逃げ込んで別人格を獲得することで、現実の風土との折り合いをつけようとした顛末は、既述した通りです。

ここで瀬里奈が逃げ込んだ別世界が、ゆきの「頭の中のテレビの草原」や「御伽の部屋」や、正男の「草原の絵」と、これまた同質のものであることは言うまでもありません。

「御伽の部屋」でも「マウス」でも、作中の「余り者」は、いずれも現実の風土から、別世界へと脱出しようとしていますが、それぞれ、最終的にはどうもうまくいきません。

ともあれ、これらの人物達は現実の「風土」に拒否的に反応しています。

だが、以後の作品「街を食べる」や「パズル」ではそこにある変化が見られます。

五　第一期の総ざらえ

次のステージへとステップアップするためには、ここまで様々な切り口から追求されてきた外界と内面との違和の諸相を、ここでひとまず纏めてみようと思い立つのは、作者である村田にとって当然の欲求でしょう。

外界の精査……「しろいろの街の、その骨の体温の」（朝日新聞出版、二〇一二年九月、初出）

この作品での外界は、新しく開発されつつあるニュータウンとその中に新設された小学校と中学校です。主人公はそこで生活し学ぶ少女です。

これまでの作品は、外界に打ち当たって跳ね返される主人公の内面への凝視がメインテーマだったのと対照的に、この作品では、主人公を取り巻く外界が緻密詳細に描写されていくのが特徴的です。

作品の初めの三分の一ほどは、小学校四年生の日常です。繊細緻密だがやや平板なこの部分は、しかしメインである中学二年時代のための周到な伏線となっています。小学生の女子に有り勝ちな仲良しグループのエスカレーションとして形成される中学生クラスの堅固なスクールカースト。小学生の仲良し三人組は、中学生になると「若葉」は最上級の、「信子」は最下級の、そしてヒロイン「結佳」は下から二番目の無難なカーストにと、それぞれのランクに再編成されます。小学生時代、結佳の幼い性の目覚めの「おもちゃ」にされていた少年「伊吹」は、中学では最上級カーストに属し、表の世界では結佳には手の届かない世界に存在しますが、放課後の書道塾の帰途の夜道の世界では、相変わらず結佳に身近の存在です。しかし成長した彼はなかなか彼女のおもちゃになりたがらず、彼女は様々な脅しのテクニックを駆使して彼を屈服させなければなりません。

こうした設定から始まるこの作品では、主人公の違和感の対象である「外界」が、「風土」としては日々変貌していく造成途上のニュータウンが、成長しつつある主人公の肉体と連動し、その肉体には思春期の性意識が発情します。また「他者」としてはスクールカーストに君臨する王子様王女様たちが立ちはだかります。

ここまで、それぞれの作品で、外界としての他者、外界としての風土、外界としての異性、外界としての自己の性など、個々に追求されてきたテーマが、ここに勢揃いしているわけで、私が「第一期の総ざらえ」と述べたのはこれを指しています。

結佳にとって伊吹との秘かな交情は、スクールカーストのタブーへの侵犯を意味し、あたかも時代劇の若殿様と百姓娘との身分違いの恋のバリエーションのように見えます。当然その露見は身分社会からの処罰追放を意味し、同時にそれまでは結佳からの手籠めに等しかった伊吹との性関係が、双方の合意のもとに再出発するというハッピーエンドをも意味します。

しかし、前述のようにこの作品とこれまでの諸作とのいちばんの差は、これまではひたすら主人公に対する一枚岩の壁としてのみ表現されていた風土や他者が、風土そのもの、あるいは他者同士の関係としてダイナミックに変貌していくものとして精査され凝視されていることです。ニュータウンは主人公を閉じ込める白い牢獄であるだけでなく、時には成長し時には停滞する生き物のように捉えられ、また他者も、例えば若菜は小学生時代の鷹揚なお姫様から、必死に女王様に縋りつく腰元のような中学生時代へと、あるいは信子は、無邪気で幼稚な小学生から、スクールカーストに絶望的な反乱を起こす怒りの女神へと変貌します。

ヒロインの結佳そのものも、小学生時代の彼女は「マウス」の「律」に、中学生時代の彼女は同じ時期の「ギンイロノウタ」の有里に重なり合う部分が多いのですが、しかし、結佳の場合は、律や有里のように外界の壁にはね返される被害者としてよりも、自分の偽善、臆病、傲慢によって他者を傷つける加害者として自己を凝視している点に異質さがあります。律や有里がいわば自分が生きるのに精いっぱいなのに比べ、結佳は自分も傷つき苦しみ焦りながらも、同時に観察者として外界も内面も徹底的に凝視し分析し、同時にその観察で自尊心の傷を宥め優越感を守ろうとする自己の醜悪ささえも見抜いているのです。

そして、そんな彼女が自己の内面と外界との違和感の解決の方法として採用したのは、次のようなものでした。スクールカーストの底辺で、蔑視と迫害を受けていた信子が、ついに絶望的な反乱に転じて、なりふり構わず井上というスクールカーストの「王子様」にむしゃぶりつき、無様に突き倒される姿を眺めながら、結佳は、

……何度も立ち上がる信子ちゃんを、きれいだなあ、と思った。……私は教室を支配するそれではない、私自身の価値観で発したその言葉を、小さな声で呟いた。……その言葉は、私の世界をゆっくりとひっくり返していった。今まで私は、これほど自分だけの価値観で、その言葉を使ったことがなかった。

この瞬間、結佳は今までがんじがらめに縛られていた外界の価値観の呪縛から、突然解き放たれたのです。それからの彼女は、『信子ちゃんみたいに世界に触ってみようと思った』ので、自分のカーストにしがみつこうとする若葉に、彼女が小学校時代の輝きを失ったと指摘して、相手に言われます『「きもーい」その言葉で私には輪郭ができた』。そして例の王子様の井上に、

「……井上くんが格好良いと思ってやってるいろんなオナニーが、私にはすごく気持ちが悪い」

と批判して、罵られ、「気持ちわりい」と言われます。

「気持ちわりい」という、ずっと必死に避けようとしていた言葉を、井上くんから得ることができて、なぜか、嬉しかった。

結佳は信子からも『「……あんたはいっつもわたしのこと、見下してた」「死ね！」』と殴り倒されます。

私は……若葉ちゃんの「きもーい」と、井上くんの「気持ちわりい」が入った宝箱に、信子ちゃんの「死ね」をそっと入れた。……言葉は色鉛筆に似ている、と私は思った。……太陽を真っ青に、海を真緑に、好きな色鉛筆を取り出して塗りあげていってよかったのだ。

これらは、後述の第六章で私たちが見出すことになる「外界の脳内空間化」の前触れではないでしょうか。そこで私は「外界はヒロインの解釈の仕方によって、とめどなく変容し得るものとして捉えられている」と記しますが、それこそが外界は『好きな色鉛筆を取り出して塗りあげていってよかった』ということなのでしょう。しかし、その『塗り替え』はヒロインだけの自慰的な作業ではなく、他者である若葉や井上や信子の「きもーい」「気持ちわりい」「死ね」という

「確認」を必要とする相対的な作業と化していることが、特徴的です。そこには、「気持ち悪い」が「美しい」へ、「死ね」が「生き始める」へ逆転する、そんな正反対な世界が現れます。

この作品では、それまでヒロインを呪縛していた外界の価値観というものは、時間的には中学生時代の、空間的にはスクールカーストという限定された世界でしか通用しないものでしたが、しかし、その中に居る人間にとっては、それは唯一の絶対的な価値観でした。そんな世界の呪縛からは、その時期が過ぎれば誰でも卒業してしまい、やがて当人は別の価値観を身に着けるわけですが、しかし、大抵の人間は、またその新しい価値観に呪縛されて生きていかざるをえません。

しかし、ある種の人間は、そんな場合、以前の価値観と新しい価値観との狭間に落ち込み、そのどちらにも属することなく、全ての価値観を相対化して眺める視点を、身に着けることになるでしょう。まさにその先に見えてくるのが、次に述べる、「外界の脳内空間化」です。

六　外界の脳内空間化

これまでの村田作品の「内面と外界の葛藤」の世界では、外界が常にどうしようもない実在としてヒロインの肉体に向って壁となって立ち塞がっていましたが、「街を食べる」から「タダイマトビラ」までの諸作では、外界はヒロインの解釈の仕方によってとめどなく変容し得るものとして捉えられているようです。外界は、その現実性を失い、観念性を帯びてきたといえるでしょう。

これまでのヒロインたちは、外界の現実から逃げ込むための「別世界」を、現実とは別の、架空の世界として作り上げていました。それに対して、ここでは、ヒロインの観念の中で、現実そのものを別世界と化してしまう作業――「現実の別世界化」が行われている、と言っていいのではないでしょうか。

これは外界を、ＳＦのサイバーバンクものに似た「脳内空間」として捉えなおす作業とも言えます。このようにして、外界は堅固な壁であることを止めて、リセット可能な脳内のフィクションと化してしまいます。

この論考は、おおむね、これまで、村田作品の発表順に辿ってきましたが、前章で取り上げた「しろいろの街の、その骨の体温の」は二〇一二年の作品で、この章で取り上げる諸作より後で発表されました。しかしその内容は、それ以前のものの総まとめの観がありますので、敢えて記述の順を逆にしました。

「風土」の生命体化……「街を食べる」

「街を食べる」（「新潮」二〇〇九年八月号、初出）のヒロイン里奈は、会社の傍のカフェのサンドイッチからトマトの輪切りを放り出し、レタスも皿に放ります。『パンにべっとりと貼り付いた野菜の生臭さにはどうしても顔をしかめてしまう……』のです。そんな彼女は、子供時代に夏休みを過ごした田舎で食べた新鮮な野菜の美味さを思い起こし、試しに都会の公園や道端の野草を食べてみようと思い立ちます。初めは失敗でしたが、たまたま風邪で寝込んだあと、空腹に耐えかねてアパートの建物とフェンスの隙間に生えた蒲公英を茹でて食べたのをきっかけに、街のあちこちから、蒲公英、クローバー、ハルシオン、ペンペン草、どくだみなどを採集して食べ始めます。

森で暮らす人が森を食べるように、街で暮らす人は街を食べて生きていくのが自然なことなのだ。

……息苦しそうなスーツの男性や身だしなみを丹念に整えた女性たちの歩く歩道を、私は飢えた視線を周囲に這わせながら歩く。そうした動物的な歩き方を覚えてから、自分が今まで街の光景を記号化してしまっていたことがわかった。……空腹を抱えて視線を這わせると、世界は記号の鎧を取り去って本来の姿を現した。……私は発見したばかりの野生動物としての自分に夢中になっていた。飼い猫が野良猫になるとき、こういう気持ちになるのではないだろうか。

こうして野生の人間として歩いていて感じるのは、機械や建築物にも触れると温度があり、物によっては音声や振動を発しているということだ。その気配は森にうずくまる生命体が発していたものとよく似ていた。

歩道には二本足の動物が歩き回り、甲高い遠吠えや、喉仏を震わせて発する低い声など、さまざまな鳴き声が絡みあっていた。

……私は灰色の海の真ん中に浮いていて、遠くから大きな銀色の魚が空気を掻く音が近づき、私の表面を揺さぶって遠ざかっていった。さまざまな気配で街は満ちていた。その空気の振動たちは、あの夏の夜に感じたものと、確かに同じものだった。……生き物の気配は遥か彼方まで続いていて、途方もなく思えた。私もそのざわめきの一部になって、呼吸を吐き出し動き回って空気を揺らし、生きている振動を街に染み込ませた。……私は大地から生えているのだ。その証拠に、この街で採れた植物がこの身体の隅々まで行き渡っている。

街の光景を記号としてしか捉えられなかった彼女は、こうして「街を食べる」ことでその疎外感を解消します。それによって、都会を形作る建物や機械のような無機物を、田舎の自然に満ちていた生命体と同一のものと感じる感覚を身につけ、都会の風土を生命体化することで、生命体としての自分と風土とを一体化させようとするのです。

付記すれば、これまでの村田作品では、他者は常に加害者として登場し、余り者は他者に対しては受身または防御的にしか対してきませんでした。さもなければ「ギンイロノウタ」のヒロインのように、一足跳びに加害者化するだけでした。

しかし、「街を食べる」では、ヒロイン里奈は彼女の勧める野草を同僚の雪ちゃんが気味が悪いといって躊躇うと、適当に騙して食べさせてしまいます。

……こちらの「自然」に引きずり込むのだ。……ゆっくり、ゆっくり、こちらの世界へ引き込む必要があるのだ。……もっと、もっと、溢れそうになるまで彼女を浸すのだ。

私は、今までとは違う意味で、自分が街を食べ始めているのを感じていた。彼女を浸し終えたら、次の誰かには、何の話から始めればよいだろうか。……対象の体に少しずつ侵入して、少しずつ相手を変化させていくだろう。……いつしかそれは全身に廻って、雪ちゃんは少しずつ、今の生理感覚を失っていくだろう。……そして私と同じ、命のさわめきに満ちた世界で健全な暮らしを共に始めるのだ。

後述の「パズル」でも、ヒロインはストーカーの若者に、『『大丈夫よ、こちらへ来なさい……』』と呼びかけて抱きしめます。

こうした余り者の、他者への働きかけは、これまでの諸作には見られなかった要素です。「ギンイロノウタ」での、ヒロインの他者への働きかけは通り魔的でしたが、ここでは余り者が単なる被害者である事を克服しただけでなく、他者へのメッセージの発信者、伝道者として立ち現れてきます。

「風土」と生命体との合体……「パズル」

「パズル」(「早稲田文学3号」二〇一〇年二月、初出)のヒロイン早苗は、自分の身体を、

表面は粉っぽく、中にあるはずの血や肉がまったく透けて見えない。……頬も額も均一な

色をしている。……そのせいでいっそう、一箇所をコーティングされた白いコンクリートに見えてしまう。……顔にあいている黒い穴に食物を流し込んでいると、生ゴミを入れるダストボックスになったような気分になる。……一時間ほど激しく動き続けるにつれ、……顔を流れる汗はべたつかず、……早苗は窓の結露を思い浮かべた。……自分が入れ物であるという感覚ばかりが集まっていった。……服の上から心臓の場所を押さえてみた。そこは激しく鼓動していた。だが、金魚でも飲み込んで、そこであばれているような、自分のものではない感覚しかおこらなかった。

このような自己の肉体感覚しか持てない彼女にとっては、ラッシュアワーの満員電車の、さまざまな口から放出された溜息が溶けあった空気につかるように、目を閉じてその湿度を味わう。中を漂う、乗客が吐き出す二酸化炭素にまみれていると幸福だった。……人間浴ともいえるこの状況が好きだった。

……同期の女の子の口の奥で唾液が反射しているのが見える。……口からは内臓の臭気が染み込んだ空気が噴出し生臭さが漂っている。

悪酔いした同僚の、

嘔吐物の匂いがアルコール臭を混じえて漂っていた。臓器の匂いが染み込んだ液体の匂いに包まれながら、早苗はその源泉である由佳を目を細めて見つめた。
……いつも彼女達に憧れているのは自分のほうなのだ。

特殊な異性以外の他者の体には、常に嫌悪感しか抱けなかったこれまでの村田作品の主人公達とは対照的に、ここではそれが羨望と憧憬の対象になっているのが注目されます。
こうして、「他者」に対して疎外感と憧憬を抱く早苗は、むしろ「風土」に対して次第に一体感をいだき始めます。

……そのビルを見上げて、早苗は思わず息を呑んだ。それは、今の早苗の姿そのものだったからだ。……コンクリートの長方形の中で生命体が動き回り、呼吸をし、鼓動している。
……入れ物と、中を生きる生物ではなく、それらは一体化して一つの大きな生命体になっていたのだ。……コンクリートと人間は相反するものではなかったのだ。この世に蠢きまわる人間の全てが、……灰色のビル全ての、共有の内臓だったのだ。
このように感じ始めた彼女にとっては、周囲の人間に、
……昨日まで感じていたような疎外感をおぼえることはなかった。私は小さなビルなのだ。だから目の前にある内蔵は、私の内臓でもあるのだ。

彼女は、自分をビルの一つと感じ、人間をビルの中の内臓と感じることで、他者への疎外感も、

風土への疎外感も、解消させます。

これまでの村田作品のテーマが「外界」と「内面」の対立だったのに対して、ここでは「無機物」と「生命体」の対比へと転換しています。自己も他者もひっくるめて、「生命体」と捉え、それらをそっくり「無機物」と対比させることで、これまでの村田作品の根強い底流になっていた内面と外界との葛藤が、解消されています。

その上で、「街を食べる」ではヒロインは、無機物であるはずの街を一種の生命体として捉えなおすことで、生命体である自分と街との疎外感を解消します。

「パズル」では、ヒロインは自己をアンドロイドのように無機物的に感じることから出発し、街のビルを内部の人間もろとも一つの生命体として感じ取り、自分もそんなビルの一つであると捉えることで、風土と自己との疎外感を解消させます。

一方は生命体の側から、他方は無機物の側から出発し、やがて生命体も無機物も同質のものと看做すことで、両者の間の疎外感を解消しています。

内面と外界との間の疎外感をどうしても解消できなかったこれまでの村田作品の余り者たちは、ここでついに風土との関係にその解決を見出したのでしょうか。

わが国の古今の名作の多くが、風土の中に主人公の救済を見出してきた事実と、村田作品のこんな傾向を、私は関連付けてみたくなります。ただ、前者の風土が「自然」だったのに対して、後者のそれが常に「街」であることが特徴的です。

ここで目を引くのは、「街を食べる」の少女時代の「里奈」が、田舎の風土について、

自分以外のいろいろな物の気配の中で暮らしているのだ。その隙間でひっそりと生きている感覚は心地よく……

と感じることです。それは「御伽の部屋」の少女時代の「ゆき」が、

本物の草原はちっともよくなかった。……それぞれの命が生きたいという意志を持っていてとても都合が悪い。

と感じるのと、まさに対比的です。こうした変化……嫌悪から好感への転換は、「パズル」の早苗が、口臭や嘔吐物にまみれる『彼女達に憧れているのは自分のほうなのだ』と述懐するのと、一脈通じるところがあります。

これまでの村田作品の余り者たちの、他者への疎外感も、風土への違和感も、ともに「嫌悪感」を伴ったものでしたが、「街を食べる」の「風土への違和感」も、「パズル」での「他者への

疎外感」も、共に「憧れ」を伴ったものへと変質しているのです。

この変質は、おそらく、世界を内面と外界との対立として捉えることから、世界を生命体と無機物との対比として捉えなおすという、視点の転換と連動しているのでしょう。

村田作品の主人公たちは、常に外界と内面との違和感に悩んでいますが、しかしそこに留まらずに、なんとかしてその間の葛藤を解決しようと常に試みています。そして、ここで示されたのも、そういった試みの一つだったのでしょうが、しかし、どうやら作者はここで示された解決策にはあまり納得がいかなかったようです。何故なら、その後書き継がれていく作品群でも、同様の問題提起と解決の試みが依然として繰り返されていくからです。

「壁」の検証……「ハコブネ」

「違和感」とは、感じる主体（内面）と、感じられる対象（外界）との衝突です。打ち当たる主体と跳ね返す壁との関係とも言えます。跳ね返す「壁（外界）」を強く意識するということは、打ち当たる「主体（内面）」の存在を確認するということです。

こうして、テーマは次第に「違和感」の分析から「壁」の検証へと移行していきます。それは、「ハコブネ」のヒロインの一人、知佳子の視点から出発することになります。そして、その契機となったのは、前述したように、ヒロインたちの「己の性別への違和感」だったのです。

知佳子の感性は、常に『永遠の宇宙時間の中』へ帰っていき『肉体である以前に物質である自分』という意識に捉われています。そんな彼女から見ると、すべてのこの世のしきたりは『何十億人もでやり続けている』おままごとで、『皆、この夢の世界に閉じ込められて、終わることがない』と見えます。『こうした無邪気なきまりごとを守るからこそ、おままごとは楽しい』。だから『自分が最初から解放されてしまっているルールの羅列は、いつ見てもいとおしかった』。けれども『「やーめた」……いつもその言葉を合図におままごとは終わり』『さっきまで共有していた幻想世界は、しゃぼん玉のようにぱちんと消えてなくなり』ます。そのように彼女は、

一人でいると、また永遠に続く時間の流れの中に戻ってしまう。

自分だけはひとり、遊びを終えて、宇宙をただ漂うだけの平坦な時間の流れへと戻っていかなくてはならない

のです。

そのような知佳子にとっては、里帆を含め、みんなの真剣な悩みを見聞きすると、

サッカーをしている男の子が「ボールを手で触りたい」と言って泣いているのを見ているよ

うな、変な感覚になるのです。だって『いつだって男の子がサッカーをやめて、ボールを両手で拾い上げることができる』からです。

このように、知佳子は、地球という一惑星の一隅の、人類という一生物の、現代というほんの一瞬の、社会的ルールを、宇宙的な意識によって、すべて相対化してしまいます。つまりこれまで村田沙耶香の描いてきたヒロインたちが、なにかしら打ち当たっては跳ね返されてきた「壁」の堅固さを、すべて一挙にあやふやにしてしまうのです。それらはよろず「やーめた」の一言でしゃぼん玉のようにぱちんと消えてしまう幻の壁ではなかったのか。

こうした知佳子についての記述は、村田ワールドの読者にはある既視感を呼び起こすはずです。それは、前述した「パズル」のヒロイン早苗です。彼女は例えば『自分は小さなビルなのだ』と感じるように、よろず自分を無機物として意識します。それは、「ハコブネ」の知佳子が、ペットボトルの水を飲みながら『肉体である以前に物質である自分の中に、水が染み込んでいく』と感じるのとオーバーラップします。こうした自己感覚によって知佳子が、すべての社会的ルールから『自分が最初から解放されてしまっている』と感じるように、早苗もそんな自己感覚によって、風土に対する自己の疎外感を解消してしまうのです。これも既述した「星が吸う水」に登場

するヒロイン鶴子の友人の志保の、

「ひょっとしたら、自分のこと、只の星の欠片だって思えば、その上の決まりごとのほうが朧げなものだって感じられるからかもね。その感覚と地球の上のいろんな決まりと、どちらが幻想なのか、私にもわからないけれど」

という言葉も、どうやら彼女も知佳子や早苗の同類らしいと思わせます。この作品でも「パズル」でも、それから「街を食べる」でも、『外界は、ヒロインの解釈の仕方によってとめどなく変容し得るものとして捉えられている』とする私の総括は、「ハコブネ」の知佳子にもそのまま当て嵌りそうです。「世の中はすべて、何の根拠もない、従って差し替え自由なルールたちによって、成り立っている」という知佳子へと連なる認識法から、ここからの村田ワールドは展開していきます。

「家族」の幻影化……「タダイマトビラ」

「タダイマトビラ」(「新潮」二〇一一年八月号、初出)で追求されるのは、家族愛の幻影化です。ヒロイン恵奈の母は、主婦として母としての務めはなんとかこなしつつ、しかしどうしても家族への愛や関心を持てないことに悩んでおり、恵奈の弟は母に愛されない子供としての典型的な

ストレスに苦しんでいますが、恵奈は、

「産んだからなんて理由で、好きになんかなってもらわなくてもいいよ……私たちだって
……無理にお母さんのこと好きになる必要ないでしょ」

と割り切っています。

彼女は家族愛への欲求不満が起きると、「カゾクヨナニー」と名付けた、カーテンを相手にした愛情ゲームを創作して、空想の中でその欲求を処理します。彼女は家族愛だけでなく、寒さも空腹も、「自分の欲求を自分で処理する」という意味の一種の「オナニー」で『「脳を騙しさえすれば、大抵の欲望はおさまるんだよ。」』と語ります。そして、

〝自分たちの子供だから〟ではなく〝私だから〟という理由で自分を探し出してくれた人と共に家を作る
のが本当の家族だと信じ、待望します。

けれども、実際に愛する異性と同棲してみたら、相手は自分を「カゾクヨナニー」の道具にしているだけだし、自分も同様だ、と悟ります。そして、「家族」とは脳の作り出した架空の「システム」に過ぎないと感じ、

「脳を騙す」どころか、ずっと脳に騙されてきたのは私だったのだ。……今まで暮らしてい

た場所は、発達しすぎた脳が見せていた幻影だったのだ。

と思います。

「家族っていうシステムそのものに、不備があったんだ。……私たちが失敗者なわけじゃない。このシステムそのものが失敗作だったんだよ。」

と語ります。

そして、

「人間だとか家族だとかいう言葉って、ずっと後から生まれたものでしょ。私たち、それ以前の世界へ帰るんです。」

私たちは繋がる命の粒なのだ。……家族という区切りなど必要ない。ただ、繋がって生命を未来へと運んでいく。

「死」という言葉を使うこと自体……それは「取り替えられる」というだけのこと……

と考えます。そしてそんな自分が感得している世界は『人類がニンゲンになる前の世界』で、『この真実の光景こそ、私が帰ってくるべき場所だったのだ』と感じるのです。

そんな世界へ帰るための幻の扉が「タダイマトビラ」なのですが、その扉を入ったヒロインは、親兄弟からは発狂したと思われます。しかし彼女は逆に彼らをも、その扉の中へ「帰らせ」ようとします。

七　制度としての外界

「タダイマトビラ」には、ヒロインが辞書をひもといて「システム」という言葉に行き当たり『そうか、家族はシステムなんだ』と愕然と悟る瞬間が描かれています。こうして、これまでヒロインを跳ね返し挫折させる壁として意識されていたものが、実は自由に取り替え可能な単なる脳内フィクションの一つに過ぎず、たまたま現在「制度」として世間に通用しているだけだ、と認識されるわけですが、次の作「生命式」では、そこにもう一つ決定的な発想法の転換が行われることになります。それは、これまで脳内フィクションにとどまっていたものを、「制度」として、現行の制度と取り換えてみたらどうか、という思考実験です。もしそれが取り替え自由なフィクションなら、現行のものと別の制度を取り換えても不都合は無いはずですから。

外界の制度化……「生命式」

こうした発想の最初のきっかけはどうやら「生命式」（「新潮」二〇一三年一月号、初出）だったようです。この作品では、人が死ぬと葬式の代わりにその肉体をみんなで食べ、そしてセックスして次の世代に生命を引き継ぐ風習が根付いた世界が描かれます。奇想天外に思えるこんな発想も、しかし現在のわれわれが人の本性と思っているものが、実は単なる制度や風習に過ぎないのかも知れない、という思念の延長だと考えれば「タダイマトビラ」と同一の視野にあると言えます。これまでは、主人公の脳内だけの作業だったもの（脳内フィクション）が、ここでは堂々と（?）社会制度となって主人公の前に登場し、主人公もまた、その慣行に参加するのです。

作者自身も、『「生命式」がこれらの一連の変わった設定の作品を書いてみるきっかけだったと思います』と述べ、

私は肉体というものを前提に、もろい自意識や劣等感、人間としてうまく世間となじめない苦しみのようなものを書き続けて来て、だんだんと、その苦しみの先の世界に行きたくなって、……「生命式」を書いたことで、小説というのは同じテーマに全く別の場所からアクセスすることもできるんだ、ということが分って、少し視界が開けた気がしました。

と語っています（「群像」二〇一六年二月号　対談「結婚の不思議、夫婦の不気味」より）。注目したいのは、こうした新しい思考実験が、『人間としてうまく世間となじめない苦しみ』という作者の従来からの課題の延長として『その苦しみの先の世界に行きたくなって』『同じテーマに全く別の場所からアクセスすること』だったということです。

結婚とセックスの分離……「清潔な結婚」

こうした思考実験によって、既述の、村田世界のヒロインたちの強烈な自我意識によって切り離された性の連環の断片は、それぞれ思いがけない形で思いがけない対象と結びつき始めます。

その一つの例が「清潔な結婚」(「GRANTA JAPAN with早稲田文学01」二〇一四年秋号、初出)です。ヒロインのミズキは、婚活サイトで知り合った夫と結婚生活をしていますが、結婚に先立って、

夫は家では一切の性行為を禁じることを希望し、それは私も同じだった。「性とは僕にとって、一人で自分の部屋で耽る行為か、外で処理する行為なんです。仕事でつかれて、ただいま、と帰ってくる家にセックスがある。そのことに生理的嫌悪があるんです」「とてもよくわかります。……眠っていていきなり相手の手がのびてきたり、何かのきっかけで、のんびりくつろいでいたのにいきなり相手の手つきが性的になったりすることが、辛いんです。性欲のスイッチは自分で入れたり切ったりしたいし、家ではオフにしていたいんです」……「家族なのに女であることを求められたり、一方で友達のような理解者であることを求められたり、なんだか矛盾しているんですよね。……私はただシンプルに、兄妹みたいに暮らせ

たらそっちのほうがいいです」

こうして始まった『「性」を可能な限り除外した結婚は、思った以上に快適なものだった』のですが、『困ったことに、私達はどちらも子供を希望していた』ので、二人はそのための施設に相談に赴きます。応対した女医は、

「快楽の性行為と妊娠のための性行為とは、今では大きく乖離しているというのに、そもそもそれを一緒くたにするということがナンセンスなんです。」

「性的嗜好に合った相手が、家族としてふさわしい人間だとは限りませんし、……家族として適している人物に、性的に興奮するとは限らない。そもそも、従来の、夫婦でセックスをして子供を作るという考えが、古いんです。」

と言って、『エロスではない高尚な体験』であるクリーン・ブリードという最先端の医療行為の施術を勧められます。こうして二人は、エロスの伴わないまるで手術のようなセックスを強いられて疲労困憊するのですが、それはそれとして、ここで示されているのは、従来当然の事として結び付けられていた「結婚（家族）」と「セックス（性生活）」との分離であり「性欲（快楽）」と「生殖（妊娠）」との分離でもあります。

このようにして、本来は互いに固く結びついていると思われていた「性の連環」は、次々に切

り離されていきます。

ただしここではまだ、切り離された個々の要素は、切り離されたまま存続しています。セックスから切り離されても結婚生活は存続し、性欲や快感抜きでも生殖は成就します。

新しい壁としてのヒロイン……「トリプル」

「トリプル」（「群像」二〇一四年二月号、初出）の女子高生の真弓は、トリプル、つまり三人でおこなうセックスに熱中しています。

三人で付き合うという恋人の在り方は、十代を中心に、ここ五年くらいで爆発的に広がった。……流行とは大人が言った言葉で、私たちの間ではこちらのほうが自然なことになりつつある。……どうして「二人」で付き合うのだろう？　誰が決めたのだろう？

恋はペアで行うものだ、などというのは、決して永遠不変の本質ではなく、むしろそちらのほうが一時的な流行の一つに過ぎない、という認識。そして流行の変遷には生理感覚さえも付随します。カップルの恋をしている同級生のリカが恋人とセックスしている現場をたまたま目撃した真弓は、

これがセックスなのだろうか？　……吐き気がこみあげて、私は口を押さえて走り去った。

／走りながら思った。自分もあんな行為の末に生まれたのだろうか？　嘔吐感がこみあげてきて、公園に着いた瞬間、地面にぶちまけた。

こうした生理感覚の逆転さえも伴った「流行」の変遷が、大人の世代、なかんずく母の世代との摩擦を引き起こさないはずはありません。娘の「トリプル」に気付いた真弓の母は、

「これはレイプよ。男の子二人に女の子一人なんて。トリプルなんてくだらない言葉に騙されて！　あんたは輪姦されたのよ！」

と叫びますが、真弓は『「私たちは三人で恋人なの。愛し合ってるの！　初めての恋なの！」』と反論します。激昂した母と真弓は殴り合いになります。従来村田作品のヒロインたちの多くは、自分の前に立ちはだかる壁の前で挫折してきたのですが、ここでは壁に相当する母は、真弓にヘアドライヤーで殴られ、

母は「うえっ」とへんな声をあげて蹲った。私はひび割れたドライヤーを、母の頭に何度も何度も振り下ろした。「お母さんのほうがよっぽど厭らしいよ！　何も知らないくせに！人の恋を歪んだ目でみるなんて、最低だよ！」私は蹲った母を蹴飛ばして、廊下へと走り出た。

そして母は飛び出していく娘を為す術もなく見送るのです。この「壁」はまことに弱々しく、

むしろ流行を背負って立ちはだかる真弓のほうがよっぽど頑丈な壁に見えます。ついに壁そのものが逆転しているのです。ヒロインは新しい壁となって古い世代を跳ね返すのです。

ヒロインの中でセックスがその対象（一人の異性）と切り離され始め、切り離されたセックスは別の対象と恣意に結びつき得る、と前節で述べた事象の一つの現れが、この「複数の相手とのセックス」でしょう。

制度と人間の本性……「殺人出産」

同じテーマでの、もう一つの試みが「殺人出産」（「群像」二〇一四年五月号、初出）でしょう。ここでは、人は誰でも子供を一〇人産めば殺したい相手を一人殺すことが許可される、という制度のもとに国民が暮らし、それを実行する人間は「産み人」として尊敬される、という世界が想定されています。まことに荒唐無稽な設定に見えますが、しかし私のような昭和ヒトケタ生まれの世代には、自分の少年時代の、戦士が敵を殺すと称賛され「産めよ殖やせよ」と戦士の誕生を奨励された我が国の戦時中を連想せずにはいられませんので、あながち荒唐無稽とは思えないのです。

もっとも、この作品は必ずしもそんな風刺が目的で書かれたわけではなく、ここにあるのは、我々が人間の本性と思っているものは実は単なる制度に過ぎず、制度が変われば止め処なく変わる可能性がある、という見解でしょう。

そして、「殺人出産」では、そんな新しい制度に打ち当たり跳ね返される者として、「早紀子」という従来の価値観の持ち主が登場します。彼女はヒロインたちの殺人出産のターゲットとして殺されるという形で挫折するのです。

こうして主人公は新しい「世間の壁」の側に身を置き、逆に従来は世間の壁だった旧世代が、その新しい壁に打ち当たって跳ね返される側に立つ、という図式がここでも定着しています。そうすることで、あれほど堅固にみえていた従来の壁が、まことに薄弱で根拠の薄いものに見えてくるのと同時に、それを跳ね返す新しい壁の方までが、なにやら液状化し流動化して止め処なく変貌するものと化してしまうのです。

ここで留意すべきなのは、「街を食べる」より前の諸作のヒロインたちが、いわば作者の一種の分身として世界に対してプロテストを表明していたのに反して、「生命式」以降の作品では、作者は必ずしもヒロインたちの側に立っているわけではない、という点です。

作者は、壁に打ち当たる者と打ち当たられる壁とを相対化して、その双方の上に立つ、というか、あるいは、その双方と共に流動し変貌するものと自己規定しているように見えます。これは考えてみるとまことに恐ろしい境地としか思えず、生身の人間がそれにどこまで耐えられるものか、この先の推移から目が離せない思いがします。

性の連環の消失……「消滅世界」「素敵な素材」

こうした現象の究極の現れが「消滅世界」(「文藝」二〇一五年秋号、初出)でしょう。

人間は、生まれてやがて「成熟」し、「恋」し、「結婚」し、「発情」し、「性交」し、「出産」し、「育児」し、やがて次世代が「成熟」し、こうして性の連環が繰り返される……その連鎖が従来は当然で不可分のものとして受け止められていました。

しかし「消滅世界」の、ヒロイン「雨音」の住む社会では、『人工授精の研究が飛躍的に進化し『繁殖に交尾はまったく必要なくなった』ので、
　ヒトの妊娠・出産は……恋愛状態とは切り離されている。子供が欲しくなると、パートナーを見つけ、女性が病院で人工授精を受けて出産する。

というシステムになっています。男性も女性も成熟期に入ると、例外なく避妊処置をとられます。そして、恋愛への欲求は、アニメのキャラクターか、配偶者以外の異性を対象にして充足され、性欲はそれ専用の施設で機械的に処理されます。雨音もやがて就職し、結婚しますが、しかし夫

が彼女と性交をしようとしたので、彼女は『そのまま警察に行き、「夫に襲われたんです」』と訴えて保護され、やがて離婚が成立します。この世界では「結婚」と「性交」とは厳しく分離させられているのです。

結婚はもうこりごりと言う彼女に、友は『「大丈夫よ、妻と近親相姦しようとするような変質者は滅多にいるもんじゃないわ。」』と励まし、どうしても子供が欲しい彼女はやがて再婚します。今度の結婚は、まさに「清潔な結婚」で描かれているようなセックスレスな結婚ですが、夫の「朔」は『「君はやっぱり、世界でただ一人の僕の家族だ。君にだけは絶対に恋をしないでいられるんだから」』と雨音を讃えます。夫は家庭外に恋人を持ち、

今の恋人は私たちが四年ほど前に結婚してから六人目の恋人で夫の今の恋人とは、私も何度か会ったことがある。……三人で沢山笑いながら食事をした。……私は彼女が好きだったし、二人は幸せそうだった。夫の妻として、二人の恋を温かく応援していた。

こうして、この世界では「結婚」と「恋」とは切り離され、結婚は結婚として、恋は恋として別々に存在しているのです。

同様に雨音も、雨音の恋人である「水人」も、双方の配偶者たちにその恋を祝福されています。

でも何度かのセックスの後、水人は雨音に打ち明けます。

「俺、『セックス』がつらいんだ」

「雨音さんのことは大好きだけど、セックスはつらかった。慣れれば平気になるのかと思った。けど、どんどん、つらくなってくだけだった……」

そして、雨音も、

私は孕まない子宮に、精子の泳がない精液を流し込む。そのことに、もう何の意味があるのかわからなくなっている。……私はやっとのことで頷いた。「もう、恋人として会うのはやめよう。」

こうして、「恋」と「セックス」もついに分断されます。『セックスなんて、もうこの世にないのではないだろうか』と雨音は呟きます。

一方、やがて夫の恋人は自殺未遂で入院し、見舞いに行った雨音に対して、

「朔のことは大切だけれど、恋という名前の感情が、私にはわからなくなっているの。でも朔は恋にとり憑かれてる。」

「私たち人間は、もう恋をするような仕組みじゃなくなってきてるのよ」

と言い、こうして夫の恋も破綻します。どうやら分断された「恋」も「セックス」も共にこの世

から消滅する運命にあるようです。

「もうそんなものは世界からなくなりかかっているのに、僕たちはとり憑かれたように恋とセックスの真似事を続けている。……もう限界だ」

「恋のない世界へ、二人で逃げよう」

と夫は宣言し、雨音も同調します。

恋のない世界とは、一〇年まえに生まれた実験都市千葉の「楽園（エデン）システム」のことです。それは従来の「家族（ファミリー）システム」ではない人類の繁殖のシステムを試行している世界です。

そこでは、選ばれた住民が年一回一斉に人工授精を受け、出産された子供は育児センターに預けられ、一五歳になると大人とみなされてそこから出ます。『全ての子供を大人全部が可愛がり、愛情を注ぎ続けます』。つまり、そこでは「育児」と「家族」とが切り離されているのです。

ところで、雨音が結婚したのは前述の通り子供を産みたいからでした。出産には夫の精子が必要だし、従来は育児には家族が必要だと思われていたからです。『家族、家族、家族、その呪文を唱えるたびに、私は安心していく』と雨音は思っていたし、夫も『「『家族』はすべての人間にとってのライフワークなんだよ」』と言っていたのです。

しかし、それぞれの「恋」と「セックス」の挫折によって、二人とも家族というものへの確信が揺らいできます。夫は、

「この世界から『家族』という概念が消えてなくなるかもしれないな……僕たちだって何で『家族』なのかよくわからないじゃあないか。」

と発言して雨音にショックを与えます。

「家族」はついさっきまで、私たち二人の大切な宗教だったではないか。……だからこうして、たいして知りもしない他人同士が同じ部屋の中で安心しきって暮らしているというのに。

こうして遅まきながら彼らも家族というものの形骸化に気付くのですが、恋ともセックスとも切り離された男女が結婚生活を維持出来るはずがないのは自明のことでしょう。前述の、

「もうそんなものは世界からなくなりかかっているのに、僕たちはとり憑かれたように恋とセックスの真似事を続けている。……もう限界だ」

という認識のさきには、あくまでも子供が欲しいこの二人にとってこの「楽園（エデン）システム」への逃避以外あり得なかったのも自明でしょう。こうして、ついに「育児」と「家族（結婚）」も分断されてしまいます。分断された「家族（結婚）」はどうやらこのまま消滅の運命にあるようです。

こうして、この世界では「成熟」「異性への関心」「恋」「結婚（家族）」「性欲」「性交」「出産（妊娠）」という性の連環はすべて分断され、恋とか結婚とか性交とかいったものはついに消滅していくらしい。

この物語はもとより近未来ないしはパラレルワールドの出来事という、荒唐無稽なフィクションとして描かれています。読者は架空の話として割り切って読んでいながら、しかし次第に奇妙なリアリティを覚えて不安になり始めるのではないでしょうか。現に、この二一世紀の日本では、少子化対策の大臣が特に任命されねばならぬほどに出生率が下がり、結婚しない男女が年々増加し、たとえ結婚しても離婚は日常茶飯事であり、離婚しないまでもセックスレスの夫婦も増え、核家族などはとっくに通り越していまや孤独死が重大な課題になり、恋は必ずしも異性を相手にするものではなくなり、アニメのキャラに萌える者も増えました。このようにかつては自明のものだった性の連環が、現実社会でバラバラになり始めているのを、肌身で実感せざるを得ない。いったいどうしてこんなことになったのでしょうか？

性の連環というものを、真珠のネックレスに譬えてみれば、それを一連に纏めていた紐が、何処か一か所でも切れれば、それぞれの真珠は全部バラバラに飛び散ってしまいます。「成熟」「異性」「恋」「結婚（家族）」「性欲」「性交」「出産（妊娠）」というそれぞれの真珠を繋ぐ紐は、それではどこで切れてしまったのか？　「清潔な結婚」に登場する女医がいみじくも述べたように、『「快楽（性欲）の性行為と妊娠（出産）のための性行為とは、今では大きく乖離している」』のです。人類発祥以来、「性行為」と「妊娠（出産）」とは固い鎖のように繋がっていた。ところが現在では、おそらく有史以来初めて「性行為」と「妊娠」とが切り離された。おそらく首飾りの紐の切れた箇所はそこだったのでしょう。もちろんこれは是非の問題ではなく、またいったん切れた紐はそう簡単に繋ぎ戻せるものでもない。

さて、「生命式」以降の「清潔な結婚」「トリプル」「殺人出産」「消滅世界」などのヒロインたちが、従来は「余り者」としてこの世の多数者の前に常に孤立してきた彼女らが、ここでは逆に常にむしろ多数者の側に立ち、世の移り変わりに身を委ねてとめどなく漂い流れていきます。そして、従来は常に彼女らに対して大きな壁となって立ちはだかっていた母親の世代が、今度は常に彼女らを批判しつつ、結局旧世代の残党として打ち負かされる役割を担っています。「消滅世界」でも、雨音の母は、夫とのセックスによって娘を生んだことに誇りを持ち、娘にも同じ生き方を求め続けることで、社会的には異端者あつかいされ、ついには娘に監禁される羽目になります。

前述したように、これまで壁に打ち当たって跳ね返されていたヒロインたちが、却って壁となって母たちの世代を跳ね返している観がある。

そして、「消滅世界」以後の作品である「素敵な素材」（「GRANTA JAPAN with早稲田文学03」二〇一六年二月、初出）では、ついに旧世代の価値観や美意識は、ヒロインたちの「新しさ」に屈服し同調してしまいます。この世界では人の遺体は解体され、様々な道具の素材として活用されます。ヒロインの「ナナ」の婚約者の「ナオキ」は、ナナが人毛のセーターを着ることも人の歯で作った指輪を付けることも残酷だといって拒否していましたが、やがて彼の母が二人の結婚式のために用意した、彼の亡父の皮膚で作ったベールを見て、感動のあまり涙ぐみます。ここでは旧い価値観や美意識は、新しさの壁に跳ね返されるどころか、ついにそれに吸収されて融合し消滅するところまで達してしまいました。それは旧い（そして今、実際の私たちが生きる世間での）常識の、究極の敗北と言えるでしょう。

ところで、彼女らのこの新しい壁の恐るべき強度は、その硬さではなく、その不定形な柔らかさから生まれているようです。

「消滅世界」の雨音の親友の「樹里」は言います。

「人間はどんどん進化して魂の形も本能も変わってるの。……誰でも進化の途中の動物なの。……正しさなんてものはね、幻影なの。」

どうやら彼女らの柔軟さの源泉には「進化論」があるらしい。

進化論といえば、ダーウィンのこんな言葉が思い浮かびます。

「いちばん強いもの、いちばん賢いものが生き残るのではない。唯一生き残るのは変われるものだけだ。」

人類が地球上でこんなに繁栄しているのは、賢いからでも強いからでもなく、止め処なく変われるからでしょう。私事になりますが、小学校では神国日本の皇道教育を受け、中学校以降では民主教育を受け、敗戦を境に挙国一致で変貌した日本社会で生き続けてきた私は、自分を含め人間がいかに変わり得る生物かを身に沁みて体験しています。

しかし、それではこの「止め処なく変わる人間」と「強烈な自我意識」との関係は？　どう見ても両立しそうもないこの二つの概念を繋ぐものは何か。

自作の引用は気がひけますが、第一部「自意識劇の変貌」で私は、自意識があるからこそ自己の存在が不確かになるのかも知れません。……自意識とは、ラッキョウの皮を剥く道具なのかも知れません。皮を剥かれるラッキョウは、剥かれる度に痩せ細り、ついには皮だけを残して実体は見失われます。

と記しました。

よく使われる比喩ですが、空気の抵抗は鳩の飛翔を妨げますが、しかし真空の中では鳩は飛べない。「自我」とその前に立ちはだかる「壁」との間にもそれと同じようなメカニズムが働くのではないか。

自我の検証の道具としての自意識が「自我」の実体を見失わせたのと同様に、壁の検証の道具としての自意識が「壁」の実体までも不確かなものにしてしまったのではないか。壁は取り替え自由な一時的な「制度」に過ぎないのではないかという発見。強烈な自我が「壁」をそのようにバラバラにしてしまった結果、自我が衝突することで自意識を発生させた「壁」が俄かに不確かなものになって、さながら鳩にとっての真空のように自我の飛翔を妨げてしまったのではないか。いわば自意識とは壁に取り付けられた鏡のようなもので、自我とはその鏡に映る己の姿のようなものではないでしょうか。壁が確かな間は、その表面の鏡には己の姿がはっきり映っているが、壁が揺らぐと鏡も揺らぎ、そこに映る己の姿も揺らぐ。壁の不確かさと自我の不確かさとは貨幣の裏表のようなもので、この問題の奇妙なパラドクスはここから生まれたのではないでしょうか。ところで「消滅世界」は、こんなシーンで締めくくられます。人工授精を受けたヒロイン自身は流産し、逆に夫が人工子宮での出産に成功します。産む性としての女性のアイデンティティさえも夫に奪われた彼女は、この実験都市の一斉人工受精、一斉出産、一斉育児の「楽園システム」で育てられて初めて成人した「子供ちゃん」の一人を誘惑して、いまやこの世から廃絶した「セックス」を試み、その時隣室からはおそらく彼女に監禁されている母のものと思われる「鳴き声」が聞こえます。この黙示録的な奇妙な結末にはどんな寓意が秘められているのでしょうか？

作中の次のような言葉が、もしかしたらそのヒントになるのかも知れません。来訪した母を監禁する直前のシーンで、雨音は語ります。

「お母さん、わたし、怖いの。どこまでも〝正常〟が追いかけてくるの。ちゃんと異常でいたいのに。どこまでも追って来て、私はどの世界でも正常な私になってしまうの」

「どの世界に行っても、完璧に正常な自分のことを考えると、おかしくなりそうなの。世界で一番恐ろしい異常は、正常だわ」

母の世代に対して立ちはだかる私という「壁」自体が、止め処なく流動し変形していくことへの恐怖。ここにあるのはそれでしょう。

「子供ちゃん」とセックスしながら雨音は、隣の部屋の「ペット」（実は雨音の母らしい）について尋ねる相手に答えます。

「世界を食べて、その世界にぴったりの形になる動物なの。とっても不思議で、面白いでしょう？」

これは、隣の部屋の「ペット」についてというより、人類への評言として聞いたほうがいいでしょう。

この作品の真のテーマは、「進化」する「私」への恐怖、止め処なく浮遊し流動し、行方も知れず変貌していく「自我」への恐怖なのかも知れません。

ところで、このように「消滅世界」では人類進化の果てに性交も家族もない生殖がイメージされるのに反し、前述の「タダイマトビラ」ではベクトルが逆向きになっており、人類進化を逆行して自我発生以前、家族発生以前の生命体にまで戻ることが示唆されています。人類の進化にも、進化からの退行にも、共にその先には家族の消滅が想定されているのです。

そして「タダイマトビラ」のヒロインは家族のないその世界に究極の安堵を感じているのに反し「消滅世界」ではヒロインが、流動するその世界に底知れぬ恐怖を覚えています。壁に突き当たる自我が、壁の喪失に際してはまず安堵と解放感を覚え、しかしやがてそのことに不安と恐怖を覚え始める、という順序には納得がいきます。

八　第四期への入り口

これまでの村田沙耶香の作品世界を、第一期（「授乳」〜）、第二期（「街を食べる」〜）、第三期（「生命式」〜）、と分けて考えてきた、この論考の延長線上で鑑賞すると、目下のところの彼女の最新作「コンビニ人間」（「文学界」二〇一六年六月号、初出）は、新しい第四期の始まりを示しているように思われます。

人間の人工知能化……「コンビニ人間」

第三期の作品群が、架空のパラレルワールドの中での日常世界という舞台の上での、架空の新制度と伝統の価値観との葛藤のドラマだったのと対比すると、「コンビニ人間」の舞台は、コンビニでアルバイトを続ける三十代半ばの女性「恵子」の身辺という、現実的な日常生活である点に差異が見られます。その点では、第一期の作品世界と同様にも見えますが、しかし、この作のヒロインは、明らかに第一期の彼女らとは異質です。それは一見、前述の「マウス」の「律」がファミレスではきはきした活発なウエイトレスとしての仮面を被って変身するのと同じように見えます。また、これも既述の「ギンイロノウタ」のヒロインが、コンビニのアルバイトで「変身」しようとして無残な失敗をおかすのと似た設定にも見えます。しかし「コンビニ人間」の場合には、「マウス」のようにヒロインの仮面の下には臆病な素顔などがあるわけではなく、「ギンイロノウタ」のように、どうしても変身できない異物としての自分があるわけでもありません。コンビニ店員の顔自体が彼女の素顔になってしまう点に本質的に違いがあります。

作者は最近の対談で、

「たぶん『しろいろ』みたいなリアルに近い世界と、『殺人出産』みたいなへんてこな世界をいつか融合させたい気持ちがあったんだと思う。」

と発言しています（「文学界」二〇一六年九月号、「我らコンビニ出身作家」より）。ここでの「しろいろ」とは、作品「しろいろの街の、その骨の体温の」のことで、私の分類では第一期から第二期までの集大成のような作であり、「殺人出産」とは第三期に属する作です。言い換えれば、ここで述べられているのは、「コンビニ人間」は、作者の第一期から第三期までを統合しようという意図で書かれたもの、ということです。

第一期でのヒロインたちの場合、どうしようもなく確固たる壁としてのリアルな外界と、どうしようもなく異質なリアルな自己との葛藤が展開されますが、「コンビニ人間」では、ヒロインは、徹底して周囲の人間の真似をすることで「正常」を演出しようとし続け、果てはまさにコンビニの従業員であること自体が「自己形成」であるという段階にまで達してしまいます。

恵子は子供の頃、男の子の喧嘩を阻止してくれと仲間に頼まれると、いきなりスコップで喧嘩の当人をぶちのめし、女の先生のヒステリーを収めて欲しいと級友たちに言われると、矢庭に先生のスカートを引き下ろし、確かに喧嘩やヒステリーは止みますが、周囲にはそれ以上のパニックが持ち上がります。

私は作品のこのくだりを読みながら、かつて読んだあるＳＦ小説の一シーンを連想しました。それは、未来世界の土木技師が人工知能に、もっとも効率的な道路建設を命じたら、人工知能はコースの途中の山脈をいきなりミサイルで吹き飛ばして道路を貫通させ、技師たちはあやうく死にかけます。人工知能はその後、次第に多くの実体験の積み重ねから「論理以外の」社会の重要なポイントを学習して人類と折り合いをつけていくのですが、私には恵子がその未完成な段階の人工知能にオーバーラップして見えるのです。

恵子は子供時代のその苦い体験から、自分の判断よりも周囲の人間からの吸収を優先し、喋り方から歩き方まで周囲を真似ることで、自己を「完成」しようとします。その場合の「周囲」というものが、恵子の場合はコンビニだったため、彼女が熱心に学習すればするほど彼女は「コンビニ人間」になるほかはありません。それは、例えば介護のために開発されたロボットが自己学習すればするほどひたすら「介護ロボット」として改善されていくようなものでしょう。恵子は、コンビニ用のロボットが「コンビニロボット」として完成されていくように、「コンビニ人間」として完成されていくのです。

「結婚と就職」という周囲の世界からの同調圧力に対しても、彼女は表面上だけ止め処なく同調しようとしますので、結果的にはとんでもなく珍妙な事態に立ち至ります。「白羽」という三十歳半ばでコンビニにアルバイトに来た男は、働く意欲もなく、上から目線で仕事や仲間を軽蔑し、たちまちクビになりますが、このダメ男と、恵子は形の上だけ同棲することで、周囲から受け入れられようとします。これも子供時代にスカートを引き下ろすことで先生のヒステリーを止めるのと同じほど短絡的な解決法で、おかげで周囲のパニックは大きくなるばかりです。このへんの恵子の無茶さ加減は、ミサイルで山脈を吹き飛ばす人工知能のそれを彷彿とさせます。それでも恵子はあくまでも彼女なりに、周囲に同調しようと努力しているのです。

正常な世界はとても強引だから、異物は静かに削除される。まっとうでない人間は処理されていく。

つまりそれは、作業工程から排除されスクラップ化されようとする「規格外れのロボット」の恐怖と同じでしょう。

ところで、作中でかなりネガティブに描かれる「白羽」は、

「この世界は異物を認めない。僕はずっとそれに苦しんできたんだ……誰にも迷惑をかけていないのに、ただ、少数派だというだけで、皆が僕の人生を簡単に強姦する」

と恵子に掻き口説きます。しかし、こんなセリフは、このダメ男の口からではなく、たとえば「授乳」や「ひかりのあしおと」や「ギンイロノウタ」の主人公たちの口から聞かされても違和感はないような気がします。いわば、村田ワールドの初期の主人公たちは、いまや白羽の形で、ここまで客観化され矮小化されてしまったのです。

思い返せば、従来近代文学と称されていたジャンルの作品だったら、むしろ白羽的な人物の視点に立って、彼のアウトサイダー的な自我が俗世間と対峙して苦闘するドラマが展開され、そして恵子のような存在はむしろ自己疎外の典型として、否定的に描かれるのが通例だったのではないでしょうか。その意味では、この作品は反近代文学、ポスト近代文学を志向している、といえるのかも知れません。

一方、恵子の方は、例えば自分のことを白羽に、

「バイトのまま、ババアになってもう嫁の貰い手もないでしょう。あんたみたいなの、処女

でも中古ですよ。薄汚い。」

と罵られ侮辱されても、一向に屈辱感も怒りも覚える気配がなく、相手のことを、

……自分を苦しめているのと同じ価値観の理屈で私に文句を垂れ流す白羽さんは支離滅裂だと思った。

と、淡々と分析してみせるだけです。それはいわば学習中の人工知能がどんな誹謗中傷もすべて情報の一つとして淡々と受け入れてデータ化してしまう過程を彷彿とさせます。

そして、そんな存在としての恵子は、それ自体よりもむしろ、現在「普通」とされている周囲の存在が実はいかに変な、不気味な、理不尽なものであるか、という事を浮き彫りにするための装置として機能しているのです。

要するに、「コンビニ人間」の恵子は、村田作品の第三期の「自己の流動化」を通過しており、ここでのドラマは、あの第一期の「壁と自己」との、切ない衝突と葛藤はもはや望むべくもありません。

ここでは流動化した「自己」は、生々しさを失い、ほとんどデジタル化された人工知能のようにドライです。それは止め処なく外界を吸収し、外界から学習し、外界に同調し、どんな所に置かれてもその場の「〇〇人間」として「完成」されていくことでしょう。そしてそんな人間は、

制度としての外界がどのように変化しようとも、その都度その都度見事に同調し完成されていくのでしょう。

昨今、「人工知能の人間化」が論議されているようですが、どうやらここに描かれているのは「人間の人工知能化」なのではないでしょうか。すべてがデジタル化した生活の中では、人間もまたデジタル化の方向で完成されていく他ないのかも知れない。もしかしたら「正常な自己」とは、個々の生存の場でマニュアル化された正常な自己そのもの以外にはどこにも存在しないのかも知れない。

既にここまで解体されてしまった「外界」と「内面」のドラマの行方はどうなるのでしょうか？

ここまで書いて、ふと気になりました。それにしても「コンビニ人間」を読み終えた時、主人公に感じた、あの痛々しさは、いったい何処から来ているのか……。

確かにラストでのヒロインの、コンビニ人間としての自己の確信は、滑稽でグロテスクでさえありますが、しかし、この場合の「コンビニ」をたとえば「修道院」とでも置き換えてみれば、ヒロインのあの献身的な一途さはむしろ感動的にさえ見えるのではないか？　またはかつて一群の人たちが信奉した「革命組織」と置き換えたら？　または七十数年前には、軍国日本の軍隊組織の鉄の規律の中にしかアイデンティティを感じられないような、たたき上げの下士官などに彼女の同類がいたのではあるまいか。そして、そんな人間たちは、別に周囲から「治され」ようとはしなかったのではあるまいか。

現在の日本社会では、日常性が、私生活が尊重され、概ねの人々はその充実に生きる意味を見出しています。「コンビニ人間」で「普通の」人々がヒロインに要求する、就職か結婚かという二者択一は、まさに「日常性」のシンボルでしょう。しかし、かつては人は「大義」のために生きるものだとされていた時代があったのではなかったか。その頃は、日常の生活にしか幸不幸、喜怒哀楽を感じない者は、匹夫凡夫として語るに足りない者とされていたのではなかったか。まともな人間には、日常を超克する「大義」が必要とされていたのではなかったか。大義とは、信仰であったり、イデオロギーであったり、殉国精神であったりしました。そして、そんな大義を持つ者は、日常性を超克し、つまり日常性に、私生活に、あまり関心を持てないまま生きていたのではないか。そして彼らは世の中にもそういう存在として自然に受け入れられていたのではないか。

世の中には二通りの人間があり、一方では日常性さえあれば生きていける人間もあるが、他方ではどうしてもそれだけでは生きられない人間もあるのではないか。そして、「コンビニ人間」

の恵子は、もしかしたらその後者のタイプの人間なのではないだろうか。ところが現代社会にはそんな人間のために、日常を超克してくれる「大義」などは、そうおいそれとは見付からぬ。恵子はやむなくその代用品を探し出した。それが「コンビニ」だったのではないだろうか。つまり、ここに描かれているのは、「大義」なき時代の悲劇なのではないだろうか。「コンビニ人間」のラストに我々が感じるあの痛々しさはそこから生まれてくるのではないでしょうか。

話は飛躍するが、三島由紀夫も、もしかしたら恵子と同じタイプだったのかも知れません。大義が無ければ生きられぬ人間は、大義なき時代には、架空の（としか私には思えない）殉国精神という「大義」をでっちあげて（としか私には思えない）、生きる（あるいは死ぬ）しかない。そして恵子のコンビニは、三島の大義の代用品なのではないか。もしそうなら、恵子とはパロディ化した三島だ、と言えなくもない。この作品には、このように諸々の含意が読み取れます。

しかし、第四期は始まったばかりです。村田沙耶香はこれからも次々に作品を産み出し、新しい探究を続けることでしょう。これまでと同じように、今後も私はその都度意表を突かれつつ納得を繰り返すことになるのでしょう。ここで私が筆を擱くのは、だから終止符ではなく休止符にすぎません。

興味は尽きません。

第三部

小説　私小説家の私事

一

四ヵ月後に別居、と決定してしまうと、夫婦というものは変に和気藹々としてくるものだ。たとえば日曜のひるまえ、二人は近所の公園まで散歩に出掛け、道すがら妻は太編みの赤いセーターの袖に両手をひっこめて、袖先をぶらぶら振りながら、たあいのないお喋りを次から次へと続け、夫の方は両手をジャンパーのポケットへ突っこんで唇の隅へ煙草をくわえたまま、片肩を持ち上げてそこへ耳のうしろをこすりつけようとしたりしながら、いちいち機嫌よくそれに相槌やジョークをさしはさみ、その度に二人は声をそろえて笑う。

「最近のアベックは……」妻は公園のあちこちに散在する男女を見廻しながら、「あんがい釣合いがとれてる場合が少ないみたいねえ。ほらあれなんか、男の方はなんの気なしに誘ったのに、彼女がものすごく着飾って来ちゃったんで、なんだかとほうにくれてるみたい……」彼女は急に歩調を変え、

「牛乳でも飲まない？」

二人は売店に立ち寄って、牛乳をラッパ飲みする。息もつかせず飲み干した妻が、口の周りを

牛乳だらけにして、にっと笑いかける。夫もそれに意味もなく笑い返す。

……妻はアルバイトの給料日に、思いがけずネクタイを買ってきてくれたりする。夫も外出のついでに、妻の好物のみかんを買い込んだりする。知人の個展に揃って顔を出した帰途、二人は喫茶店に寄って、額を寄せ合うようにしてアイスクリームをなめながら、ひそひそ、今見て来た絵の感想を述べ合っている。

そんな時、ふと夫はびっくりしたようにあたりを見回すことがある。——これじゃ、はた目にはまるで新婚さんじゃないか。

……二人ともそんなふうに、にこやかに暮しているのに、なぜか次第に部屋の中が傷んでくる。電気釜はスイッチの覆いが剥がれたままになっている。窓ガラスの割れた所へはレコードのジャケットを立てかけて塞いである。ラジオのコンセントのヘッドは踏み潰されたままだし、敷蒲団は縫い目がほつれて綿が顔を出している。……それらを二人は、まるでこわれた街燈を目にとめた時の通りすがりの者のような、事もなげな目付きで眺めている。

……インスタントコーヒーでも飲もう、と思いついて、夫はストーブの上のやかんに手をのばす。やかんの底がでこぼこで、ちょっと觸ってもストーブの上でぐらぐらする。全体に黒くすすけ、把っ手の木質も焦げて一部が炭化している。コーヒー茶碗へお湯を注ぎながら、

「これもだいぶ傷んだなあ……」そろそろ買い換えようか――と言いかけて、夫はふと言葉に詰まってしまう。みかんやちり紙などなら問題はないが、やかんのように永持ちのする物の話を持ち出すのは、どうもこの際二人のデリカシーに引っかかるのだ。

まるで暗黙の申し合わせでもあるように二人は毎日の会話の中では、別居の具体的な日時や段取りについては決してどちらからも口にしない。それどころか、ほんの僅かでも別居とかかわりのある話題になりかかると、彼等は殆ど無意識に急いで横道に外れてしまい、自分でも、そうしてしまってから気が付く、といった具合なのだ。

先き先きの事を話題にするのもせいぜい来週一杯くらいが限度で、それ以上はなんとなく禁句になってしまっている。

「こうお天気がいいと、またテニスでもやりたくなっちゃうなあ」と妻が口走ると、

「公園のテニスコートが再開になるのは三月の下旬らしいよ……」言いかけて夫は急に、その頃にはもう二人の生活はないんだ、と気付き、とっさに、

「四月の上旬になれば桜も咲くし……もうじきまた春だなあ」と話を外らす。

「早いわねえ、一年経つのが」妻もさりげなく相槌を打っている。

そのくせ、その二人は、今日一日のこととなるといやに熱心にこまごまと話題に乗せ続けるの

だ。まるで今日と同じ日がこの先いつまでも続きでもするように。

——肉屋のおかみさんが、いつも安い肉ばかり買う妻をたしなめて、高い肉は軽いから分量が多くてかえってお徳用なんだ、といってわざわざ秤に乗せて比べて見せてくれた——などと妻が報告すると、夫の方も——勤め先の予備校の受付の女性が辞めたので、今日後任者が顔見せに来て、帰ったあと、おとなしそうないい子だがおそろしく無口だなあ、などと噂し合っていたら、用務員のおじさんが〝無口のほうがいいですよ、気が疲れなくて〟としみじみ言うので、いままで間がもてないのでひっきりなしにおじさんに話し掛けてばかりいた自分と思い合わせて、済まない気がしてしまった——などと披露してみせる。

……朝の食事を二人で機嫌よくしたため、ゆっくりお茶を飲みながら、——お向かいのヨッチャンが昨日男の子にいじめられてたんで、叱って追っぱらってやったら、あの子ったらなまなましいほど羞しそうな笑顔を浮べてたよ。あんな学校へも行ってないちっちゃな女の子にもそんな心理があるのかねえ——などと、ひとしきりそんな話を妻と交し、やがて夫はそそくさと立って着替えを始める。

「今日のお帰りは？」

「いつもと同じだ」

そんなやりとりをして、夫は家を出る。勤めは夕方からだから、とりあえず図書館へ行って雑誌でも読んでいよう。

明るく静かな住宅街をゆっくり通り抜け、まだあまり賑わいを見せていない駅前の商店街へ出る。

乗り込んだ電車はすいていて、乗客は年配の男女ばかりだ。車窓の外を流れて行くすすけたビルディングの群を眺めながら、彼は前ぶれもなく突然、痛みのように淋しさを感じる。向うの新築のボーリング場の屋上に、人の背丈ほどもあるピンが一本立って、白く光っている。

……図書館の中はほぼ満員だ。その中に坐りこんで彼はしばらくぼんやりしている。しかし、席を埋めつくしている若い男女のうつむいた黒い頭ばかりがずらりと並び、人声一つ聞こえない館内で、なぜか彼は次第に居たたまれなくなってくる。どこかこんな時刻でも人が大勢賑やかにさざめいている場所はないものか。

おそい晩飯後、なにげなく——さて一緒に銭湯へ行こうか——と誘ったとたん、夫は間が悪くなる。それぞれの夫婦にはいつとはなしに二人だけの不文律のようなものが習慣の中で生まれてきているもので、二人の場合も、この言葉が相手に誘いをかけるような意味合いを帯び兼ねないのだ。

別居と決って以来、夫は自分に奇妙な現象が起こり始めているのに気付かないわけにはゆかない。六畳一間の暮らしの中では、例えば妻の着替えの際などに、別に成心がなくてもつい彼女の身体が目に入ってしまう。

部屋の隅でもぞもぞ、スラックスを脱いでいる妻の、シャツと下穿きとの隙間に夫が目をとめた瞬間、妻がちらりと振り返る。夫は、煙草をくわえてマッチを持ったまま手を止めていた自分に急に気付き、あわてて熱心に火を点け始める。妻もふと顔を赤らめて、急に動作が早くなる。

十年近く慣れっこになっていて、今迄こんな時、別にこれといった感興も起ったためしはなかったのに。

たまたま一緒に外出した折、夫は、自分の先に立って陸橋をのぼって行く妻の腰のあたりを黙ってじっと見詰めている自分に気付き、一人で赤くなって目を外らしながら、われながら首を傾げてしまう。——別に今迄と、どこといって変ったところのある身体ではないじゃないか。

——

そのくせ、その彼は、別居の話が決って以来、絶対に妻の身体に手を出すまい、とひとりで決め込んでいる。別れる妻に触れるのは、まるで宴会で、閉会のあいさつが済んで皆が立ちかかってから、あわててご馳走の残りをがつがつ口へ詰め込むような、いじきたないしぐさに思える。

夫は、予め、別れたあとの一人暮らしに慣れようと努めている。想像の中で、彼は毎朝洗顔のついでに肌着とハンカチと靴下を洗う。溜めてしまったらもうお終いなのだ。いつか聞きかじった、よろず三枚主義、というやつを実行しようと思っている。

お昼は外食して、晩は勤め帰りに材料を仕入れて来る。鍋物の料理法をいくつかマスターしとく必要があるな。……彼はデパートなどへ入ったついでに、それとなく寄せ鍋やすき焼きなどの用具を見比べてみたりしている。

週末なんかは、別に帰って来る必要もないんだから、一泊くらいの旅行に適当な国民宿舎でも調べておこう。……そんならちもないディテールにかかずらわっている時、彼は自分が思いがけぬ奇妙な安らぎと淡い解放感のようなものにひたっているのに気付く。

「ねえ……」ある晩、食後の片付けが終って、しばらくなんとなく坐り込んでいた妻が、雑誌の拾い読みをしている夫に向かって、ぽつりと言い出す。

「別れてからも、私、籍のことは別として、やっぱり今迄通りの姓を使っていたいなあ。私、好きなんだもの。……今の法律じゃ、自分の姓は自分で作ってもいいんじゃなかったかしら……」

そんなふうに言われてみると、どういうものか夫の方は、かえって居心地が悪くなってきてしまう。――なんだかままごとじみた感じだなあ。

「やっぱり、私のこと、いちばん判ってくれてるのはこの世の中ではあなたなんだしさ。……ま、これは私の方だけの勝手な希望なんだけど、とにかく一生つきあってはいきたい気がするの」

彼は妻のそんな言葉にしんみりうなずいている自分が、一方ではどこか不潔な気がしている。しかし、それ以上に、別れたあとの二人の人間関係にまで思いを致すだけの余分の肺活量が、今の自分には欠けているのを自覚せざるを得ない。

二

なんで別れるようなことになってしまったんだろう――ときどき夫は、例えば食後の一服をしているような時、何の接ぎ穂もなく、どうしても腑に落ちないことのようにそんな疑念にすぽっと落ち込む。当の彼にも、思い返してみて、たちどころにまるごとそれを自分自身に説明しつくすことは出来ない。

それはまるで夏の暑さがはっきりいつからと見て取るわけにはいかないのに、やはりやがては着実におとろえ始め、そしていつのまにか涼気が立ち、いつのまにか冷え冷えとした季節へ移って行くようなものだ。

どちらかに浮気とか裏切りとかいったような事情でもあったら、かえってなにか打つ手があったかも知れないし、良かれ悪しかれもっと身も蓋もない簡明さがありえたはずだ。そんな修羅場がないだけに、むしろ手のほどこしようもない進行が続いた。

……夫婦の間で一度気持がこじれてくると、とめどがなくなってくるものだ。例えばトイレに入ると紙がない。夫がついでに紙をたっぷり入れておいて、次の朝入ってみると、また紙がない。それが何度も繰り返されると、夫は、次はなんとしてでも紙を妻に入れさせなければ気が済まなくなってきて、自分の時はほんの三、四枚しか入れておかない。

……夫が机に向かっていて、たまたま万年筆のインクがかすれて、ちょっと手を止めたひょうしに、背後の食卓で妻のすすり上げているうどんの音が、急に耳につき始める。一度耳につくと、どうしても離れなくなってしまって、まるでそれが水っ洟でもすすり上げているようなひどく小ぎたない音に感じられてくる。それが実際以上に大きな音で、これでもか、これでもか、というように聞こえ続け、次第に頭の中いっぱいに鳴り響くような思いがしてきて、彼はついに堪えきれなくなり、兇暴に振りかえりざま、どなりつけようとする。

しかし、振り向いて、間の抜けた表情で一心にうどんをすすり上げている妻を目に入れたとたん、彼は今自分がいったい何をどなりつけようとしたんだか判らなくなってしまう。……ひとがうどんを食べるのは別に悪い事ではないんだし、うどんというものはすすり上げるしか食べようがないではないか。

そんな彼に向かって、妻はうどんをつまみ上げた姿勢のまま、けげんそうに、

「なあに?」と見返す。

彼はちょっと黙っていてから、

「……いや、なんでもない」と、そそくさと机の方へ向き直ってしまう。

……もっとも、それはお互い様で、たとえば夫が風邪で発熱し、寝込んでしまっている日曜日、妻はふと親しい友人のもとへ遊びに行ったまま、興に乗じてそのまま泊ってしまったりする。もしもそれが何かしら意趣を含んでのしわざだったら、かえって解決の道も見つけやすかったに違いないが、ただもうそれだけ彼女が上の空になってしまっているだけなのだから、手のほどこしようがない。

勤めへの出掛けに、夫が、洗ってあるハンカチが無い事に文句を言っている時、黙って聞いて

いる妻の表情に、あるいぶかしさのようなものが浮ぶのを彼は見て取ったような気のすることがある。それはまるでこんな呟きを秘めたようなのだ。――どうして私はこの人のハンカチを洗わないと責められなければならないんだろう？　ほんとになぜかしら？――

――毎朝要るに決まりきってるほんの四つか五つのものさえ、全部そろってることなんか一度だってありゃしないじゃないか――と言葉を重ねようとした夫は、妻のそんな表情を目にしたとたん、黙り込んでしまう。

今迄当然だった事が、にわかに腑に落ちなくなり、今迄造作もなく気がついた事に、いちいちある努力が要りだす瞬間。二人に訪れているのは、そんな瞬間なのだろう。

夫はまだ駆け出しの小説家だ。週に何日か、夕方から予備校に教えに通うかたわら、書く作業を続けている。

彼と親しいある編集者が、たまたま彼の原稿を前にして、言いにくそうに眼鏡を掛け直したりしながら、

「……この作品の主人公は貧乏な私小説作家、ってことになってるでしょう？　これをなんとか、もう少し普通の設定にあらためるわけにはいかないもんでしょうかねえ……」と訊いた事がある。

「これだとあんまり特殊すぎて……それに、だいいち……なんというか……」とためらい、

「どうしてもいまどき不必要にユーモラスな印象を与えるんでね」

言われてさすがに彼も憮然としてしまう。——どうせおれはユーモラスだよ——彼は一人でふてくされる。


「今日は大掃除だ」

ある日曜、朝昼兼帯の食事が終ると、まるで宣告のような調子で言い出した夫の口調の中に、妻は自分への非難を読み取って、黙りこくって食卓を片付け始める。

夫は必要以上に力をこめて引き出しを開け閉てしながらせっかちに身仕度し、手拭を頭にかぶって、

「はたきを出してくれ。……いったいうちにゃ、はたきがあるのかい?」

夫は手荒にあちこち引っ掻き廻し、やっと洋服ダンスのうしろへ落ち込んだまま埃をかぶっていたはたきをみつけ出して、これ見よがしの甲斐甲斐しさで机や整理ダンスの上のがらくたを引き出しにさらい込み、やにわに激しく螢光燈にはたきを掛け始める。

妻はあわてて片隅に跳びのき、ばらばら落ちて来る埃を横目で睨んでいる。

夫が部屋じゅうをはたきまくっている間、妻は追い立てられるようにその先き先きを跳びのき続けていたが、やがてやっと居場所を見付けた、というように、流しの横の調理台の前に立てこもり、そこにスプレークリーナーの泡を吹きつけ始める。

しばらくは、二人とも黙りこくった中に、けたたましいはたきの音だけが響いている。妻が調理台の方にかがみ込んだまま、溜息をついている。それを聞くと、夫は自分も溜息をつきたくなってしまう。そうする代りに、彼はいっそうはたきを持つ手に力をこめる。――どうして最近はよろずこんなふうになってしまうんだろう――彼はわれながら情けなくなる。

ガスコンロを置くブリキ台の上に一面に積もった黒いよごれを包丁でこそぎ取りながら、ふと妻は場違いなほど思い詰めた口調で言い出す。

「あなたがこのまえの小説で、私たちの事を書いちゃったでしょう。……あれ以来、私、どうしても、二人っきりの時、前みたいに水入らずの気分になれないのよ。まるでいつも往来の道端に居るみたいで。どうしても心が開いていかないのよ」

夫は急にはたきを持つ手がお留守になり、申し訳に本箱を弱々しくたたきながらしばらく黙っている。しかし次第に彼の顔は理不尽な迫害を受けた人間のようないこじな表情になっていき、

「……それで?」

「それで、って……それだけよ。……あなたにも、あたし、他人に向かってるみたいに、よろず無意識にやれなくなってきちゃったの。……あなたと居ると、とても疲れるのよ。……ところがあなたは仕事が仕事だから、うちに居る時間が永いでしょう」

夫は何か言いかけて、やめ、急にはたきを持つ手に力をこめ始める。彼はけたたましい音を立てて部屋じゅうをはたきまくりながら、

「つまりそれは、以前の君があまりにも自意識や自己批評がなさすぎた、って事に過ぎないよ。書かれようが書かれまいが、不断に自分の一挙手一投足をいわば他人の目で見てしまわざるを得ない、ってのが現代人の宿命なんじゃないか……」うっかり茶だんすの上から小物入れを払い落とし、散乱した箸や栓抜きや洗濯挟みを、床を這い廻って拾い集めながら、

「……だいいち、あれが雑誌に出た頃、君はそんなこと、なんにも言ってやしなかったぜ。この頃になって急に気になりだしたんだろう? 俺に言わせりゃ、これもまた原因じゃなくて結果に過ぎないのさ。愛情が消えた原因は、消えたこと自体さ。それ以外はいっさい結果だ」

「それはそうかも知れませんけどね……だけど……」

妻はこそぎ取った黒い油かすを包丁で不器用に床に払い落としながら、頬をふくらませて子供がふてくされたような顔つきになって、

「それでも、私にだってプライバシーを護る権利はあるはずだわ」

「プライバシーってもんはね……」迷路のようにテーブルや椅子の間をせかせか縫って歩いてバケツにたどりつき、ヒステリックに雑巾をゆすいでは、またもどって窓枠を拭くことをくりかえしながら、夫は、

「権力に対して護るべきものなんでね。仮にも人間についての発見と名のつくものは、どんな小さなものだって、プライバシーなんて気にしてたら出来っこありゃしないさ」

「あなたってもんは権力じゃないっていうの？　筆の暴力だって権力の一つだわ。あなたには発表の機会があるけど、私にはないのよ。私は丸腰で、一方的に裁かれるだけだわ……」掃き集めたごみを、妻は新聞紙の上に乗せようと苦心しながら、いこじに呟く。

「そんなことはない！……」夫は雑巾を両手で握りしめて仁王立ちになり、

「いつおれが君の悪口を書いたり、君を裁くために書いたりした？　……おれは……」

彼は無意識に雑巾のきれいな面が外に出るようにたたみ直しながら、

「じぶんを裁くために書いてるんだ。じぶんの恥部をさらけ出して、いちばん隠したいことをいちばん先にあばき出して、それで……君だって知ってるじゃないか。君の目で見た現実の俺は、あの中で書かれた俺ほど卑小だったか？　あるがまま、というより、隠して現実には出さなかっ

た本当の俺のみみっちさや卑しさを暴露して、それによって……」

　彼は思い出したように窓枠を雑巾できゅっきゅっとこすり始め、

「なんのためにそんな事をするかって問題になると、話がややっこしくなるけど、とにかく、君を裁くため、なんてことは断じて……だいいちそのためだったら、もっといろいろ書く事があったのは、君の方がよく知ってるだろう？　……あれを書く時俺がいちばん苦心したのはなんだと思う？　俺の君へのなまの感情をどうやって自分の中で影も形もなくなる程処理しつくし、昇華させつくすか……そうしてそれを逆に自分を解剖するメスとして役立たせるにはどうしたらいいか、ってことだったんだぜ……」喋りまくりながら彼は上の空でバケツの所へ引き返そうとして椅子に蹴つまずきながら、

「だけど自分を描くためには、どうしたって身近な人間に触れないわけにゃいかないだろう？……でも、俺はあの中で、自分を裁くのに必要な最低限度しか君にゃ触れないように努めたんだ。おかげであの中じゃ、君は必要以上に高邁な女の子になっちまった。それがあの作品の欠点だよ！　それが誤りだって事に、今頃になってやっと俺も気がついたよ。……本来から言やあ、知られちゃいけないことは、知られなくてもやっぱり、しちゃいけないんだし、やっていい事なら、知られたっていいはずなんだからな。……どっちみちこんなことになるんだったら、はじめっか

らどんな気兼ねもなしに、君だって誰だってかたっぱしからいっさいがっさい思う存分書きつくせばよかったんだ」

「あああ……」妻は両足で床の新聞紙の端を踏んでおさえて、こまかいごみを掃き乗せようとしながら、まるできたない物にでも触った時のように、たまらなそうな声を出し、

「いまさらそんなことまで未練たらしくねちねち言いだすようじゃ、もうおしまいね」

……少し黙っていてから、夫はつい愚痴っぽい調子になって、まるで愛撫するようにたんねんにガラスを雑巾でぬぐいながら、

「ふつうの家庭の主婦は、旦那が少しでもいい仕事をすれば、一緒になって喜んだり自慢にしたりしてるんだと思うがなあ。それが二人の共同作業のたまものだと感じられるんだと思うよ。……ところが結局君の場合は、おれを共同作業者っていうより、むしろ一種のライバルみたいに感じちまうんじゃないのかなあ。……俺が曲りなりにも何か仕上げる度に、かえって俺に一歩追い越された、っていうような感じを受けちまうんじゃないのかな」

　妻は、ごみを乗せ終った新聞紙の四隅を持ち上げて、熱心にねじり合わせながら、

「だけどね、もし私が、たとえば妻の座とかなんとか、そういったものにこだわったり、行く行くあなたの世間的な成功をあてにして、それで自分も得をすることなんか考えて、自分の感情に

いっさい目をつぶってごまかしてたとしたら、たしかにその方が私にとって立派な生き方だと言える？　かえってそっちの方が打算的なんじゃない？」

……言い合いの後の気まずい沈黙の中で、夫は癇性に雑巾をバケツの中で揉みしだきながら、ふとそのまま考えに沈んでしまい、いつまでも同じ動作を繰り返している。——もちろん、すべての原因が妻を描いた小説にある、なんて決め込むのはロマンチック過ぎる。夫婦なんてそんな簡単なもんじゃない。けれど、それをまるで無視してしまうのも、卑怯な気がする。少なくとも、次第に危うくなってきていたバランスを、それが一挙に崩す役割を果したのは間違いないだろう。

……いったいこんな問題を、私小説の先輩たちはどういうふうに処理して来たんだろうなあ。——彼は弱々しく呟いてしまう。それから彼はやっと我に返り、急いで雑巾を水から引き上げてねじり始める。

ある日、二人はそろって知人を訪れて歓談し、夕食をご馳走になってから帰途についた。夜道を駅の近くまで来かかった時、急に妻が思い詰めたように、今日は今の知人宅へ泊ろう、と言い出した。その家は、気まぐれに泊ってしまえる程懇意な仲でもないので、夫はちょっと唖然とした。けれど、妻はだだっ子のように、今日はあそこへ泊りたい、と言い張る。

「そうもいかないよ。……だいいち、もう、一度出て来ちまったんだし」

「だって……あそこには、畳があるじゃない。私、今晩むしょうに畳の上に寝たくなっちゃったんだもの」

夫は言葉を失ってしまう。二人の住まいは板敷の六畳一間だ。古いベッドがこわれてしまって以来、二人はカーペットの上にじかに夜具を敷いて寝ている。――そういえば、もう久しく畳の上に寝たことがないな――

黙りこんでしまった夫のうしろから、それでもあきらめたらしく妻がとぼとぼついてくる。……夫の脳裏に、いやになまなましく、「妻に与えなかった物品」のリストが現われてくる。電気洗濯機、電気掃除機、電気冷蔵庫、ドレス、化粧品、訪問着、ブーツ、腕時計……二部屋以上のマイホーム、マイカー、子供……

夫は唐突に、

「月賦にすりゃあ、何だって買えないことはないじゃないか……」いらいらした口調で言い出す。

「いろいろ少しずつそろえていくプランを立てて、やりくりしていくのは、君の役目だぜ……」

妻はぽかんとしてそんな彼を見返す。

「……このまえ印税が入った時、君に五万円お小遣いをやったろう？　服の一つも買うかと思って見てたら、買い食いやなんかでなしくずしにみんな使っちまって、結局なんにも残らなかったじゃないか。まったく駄目だな、君は」

妻はうとましげに、

「なんでまたここで突然そんなこと言い出さなきゃならないの?……呉れちゃったものを、私がどう使おうと勝手じゃないの」

夫は再び黙り込み、そのまま歩き続ける。――畳、か――彼はかなりまいった気分で思う。――これは、さながら私小説の伝統的なさわりそのままじゃないか――

「……もちろん、君にゃ今までずっと……」

彼は低い声で言い始める。

「人並の暮しもさせないで来ちまって、済まないとは思ってるよ。……だけどさ……もちろん俺だってこれからなんとか努力していってみるつもりなんだけど……だけど、そんな、今すぐ、ってわけにもなかなかいかないんだから、君だってもう少し気永に……」

妻は急に顔を上げる。そして彼の顔に目を向けたまま、五、六歩歩いてから、いかにもはらにすえかねる、といったゆっくりした口調で、

「いつか一度だって私が、お金がないことで不平を言った時があった? ……見そこなわないで

よ。戦争ちゅう、信念を捨てられなかった学者の家族がどんな暮しをしてたか、知ってる？　私は貧乏だけは平気よ。平気っていうより、上の空なのよ。……問題はそんなことじゃ、ぜんぜんないわ。あなたはまるっきり勘違いしてる……」

彼女はまたそのまま五、六歩いてから、急に叫ぶような調子で、

「……このごろ、知り合いに会うたんびに、みんなが私になんて言うと思う？　――ああ、あれ拝見しましたよ――……まるで、おまえの事は洗いざらい知ってるんだぞ、っていうような顔で」

夫はまた黙り込む。しかし、しばらく歩いてから、彼は自分でも思いがけないほどやけくそな癇走った声で、

「私生活なんて、そんなもん、無くったっていいじゃないか！　なまじっか、そんなもののおかげでなにもかもあいまいで中途半端でいかがわしくなっちまうんだ。プライバシーなんて、くそくらえだ！」

「だけどね……」妻は白々しく落着きはらった口調で、

「いくらあなたでも、それを他人にまで強いる権利はないわけでしょ？」

夫が隣に寝ている妻に手をのばした時、彼女は無抵抗に身体を横たえたまま、不意におそろしく冷静なゆっくりした声で言い出す。

「……あなたが小説に二人の夜のことまで書いちゃったでしょう。……あれ以来、あたし、どうしてもしらじらしく醒めちゃってて、気分が盛り上がってこないのよ」

そのとたん、夫も、いきなり蒲団の裾から扇風機で冷風を吹き込まれたように、気分が低下してしまい、しばらくじっとしていてから、もぞもぞと手をひっこめてしまう。

彼はそのまま暗い天井を見上げて仰臥していたが、

「……そう言うけどね、そんな事はほんのちょっぴり、それもごくあっさり触れただけじゃないか」

「そんな……分量の問題じゃないわ。……あの時から、私にとってあなたは男とか夫とかっていう前に、まず目として感じられちゃうのよ。こんな時にまでしげしげと見てる目。それを思うと、もう私の方まで、自分の姿勢とか、自分の動きとか、自分の感じまで、いちいち自分で意識しちゃうのよ。……そうすると、もう駄目だわ。まるでみんなに見られながらしてるみたいで」

「そんなこと言ったって、仮にも夫婦の間の真実を描くのに、全くそんな事に触れないでおいたら、かえっていんちきなものが出来上がっちまうじゃないか」

「だから私は、あなたがいけない事をした、とか、私に恥を掻かした、とか言って責めてるわけじゃないのよ。ただ、たぶんあなたが正しい事をした結果、現にこうなっちゃったのよ。……わざとやってるわけじゃなし、私にだってどうにもならないんだから」

暗がりの中で、そのまま二人は、しばらく息をひそめるように黙りこくって並んで横たわっている。

「……そうか……」永い時間のあと、夫は溜息まじりに言い出す。

「ここまで来ちゃったら、もうお終いだな。……いっそ、別れようか……」

急に変にほがらかそうな声になって、

「少なくとも、別れることも勘定のうちに入れて、よく話し合っていこうよ。……お互いに一人になってよく考えてみるのも、こうやってこじれっぱなしで一緒に居るより、いいかも知れないな」

ある日夫が――ちょっと来週の給料日まで煙草銭を貸しといてくれ――と声を掛けると、妻は意外にも、いま一文もない、と言う。

別れ話が出た後、妻は週に何日かのアルバイトを探し出してきて、その給料は別居用の自分の部屋代や引越し代の用意に、全額貯金してもいいか、と訊いたので、夫はむろん承諾していた。だから彼は、もう妻のもとには多少お金が貯まっていると思っていたのだ。

彼はびっくりして妻に根掘り葉掘り訊き糺し始める。……その結果判ったのは、妻がもう先週、持ち金をあらいざらいはたいて、都内のアパートの一間を借りる契約を済ませてしまっている、という事実だった。

夫はちょうど靴下を穿きかけているところだったが、無意識にそれをゆっくり脱いでしまう。それから気がついてあわててもう一度穿き直し終ってから、彼は突然とんちんかんに激昂した声で、

「引越し代はどうするんだ！　……」とわめきだす。

「生活費は？　……いまの君の週四回のアルバイトで食っていけるとでも思ってるのか？　部屋よりも仕事の方が先だ、って、あれほど言っといたじゃないか！」

「心配してくれるのは有難いけどさ……」妻は悪落着きに落着いて、

「だけど、これはあなたの引越しでもあなたの生活でもないでしょ。少なくともあなたがそんなにカッカと怒ることはないと思うわよ」

そう言われて夫も急に、自分の腹立ちの原因が、実は妻の生活を心配してのことではなく、彼

女が自分に一言の相談もなく、先手を打ってさっさと部屋探しにとび廻っていた事や、あげく部屋を借りてしまってからも、こっちが訊くまでそれをあらためて報告しようともしなかった事なんだ、と自分でも気付き、鼻白んでしまう。しかしいまさら引っ込みもつかず、

「そういう訳にいくか！　まだ離婚届けを出したわけじゃなし、俺には責任というものがある！」

「責任ね……」妻はふと苦が笑いをもらし、

「でもさ、今は求人難の時代だし、女一人食べていく位は、どうころんだって大丈夫よ。ま、そう心配しないで」なぐさめ顔で言う。

……ちょっと黙っていてから、

「そうか……」夫は強いて冷静ぶった頑なな表情で、

「それじゃ、もう考慮の余地はないな。……俺の方は、とにかく一度結婚したからには、別れるまえに忍耐強く話し合って、一度は、生活をこわさない方向で努力してみるのが二人の義務だと思ってたんだが……そうやって君が早手廻しに部屋まで借りちゃったっていうんなら、もう話し合う必要もないってわけだ。俺の方も別に異存はないよ。どうぞ御勝手に」

「そうエキサイトされちゃ、困るわねえ。……どうせ、遅かれ早かれ借りなきゃならないもん

じゃないの」

……やがて、多少は冷静さを取りもどした夫は、しかしそうなったらなったで急に具体的なわずらいがあれこれ胸を押しつけ始め、

「だけど、本当の話、引越し代や生活費はどうするんだ。……おれが都合してやれれば問題ないんだが、そんな急な事を言われたって……知っての通り、ちょうど印税も原稿料もきれいさっぱりなくなっちゃったところだし……こんなごたごたでペースが乱れてここんところしばらくなんにも書いてないし……」

「なに、私がこれから貯めていくからいいわよ。急ぐこともないんだしさ」

「急ぐこともないって、君……」夫はまたいらいらし始め、

「いやに簡単に考えてるけど、実際問題として、借りたからには、住もうが住むまいが、もう今月から部屋代を払わなきゃならないんだぜ」

「いいの、いいの、大丈夫だったら」妻は気易く言い切る。

そう言われれば言われる程、夫の不安は昂じてきて、殆どけんか腰であれこれ訊き糺したあげく、やっと彼にも、妻の契約した部屋はまだ先住者が入っていて、四ヵ月先にならないと空かないのだという事が判った。

「だからね、あと四ヵ月はここに居させてね。……いけない？」妻が訊いた時、夫はもうすっかり投げやりな気分になってしまって——何年も一緒に居たあげく、いまさら、三月や四月の事でこせこせしたって始まらないだろう——と答えた。

「きみの態勢が調うまで、何ヵ月ここに居たって、俺の方は別に構わないよ。君の都合のいいようにすりゃあいい。……だけど……」彼は急に口ごもり、それから、かえっていやに明晰な発音になってしまって、

「俺だって男だからね。その間……その……つまり……抱いちゃうようなこともあるかも知れないぜ」

二人は急に照れてしまって、違う方向を向いたまま、しばらくしんとしている。

三

夫が嵩張った原稿用紙の束やらノートやらをしきりに風呂敷に包んでいる背に向かって、

「お出掛け？」妻が声を掛ける。

「うん」夫が言葉少なに答えると、彼女は、

「毎日、何書いてるの？　……」それからふざけた口調になって、

「いまのこと？」

夫は急いで振り返ろうとして、途中でやめて、そのまま風呂敷包みをかかえ上げ、妻を見ないようにしながら、

「行って来るよ」そそくさと部屋を出る。

——まったく俺も性懲りもないなあ——彼は道を歩きながらひとりで呟く。彼はいま、妻との別居のいきさつを書いているのだ。

——もう少しおっとりと、インターバルを置けばいいものを、たちまちがつがつ跳び付いて、われながらさもしい感じだなあ。これでは自分自身の生あたたかい死骸に息せききって食らいつく飢えたハイエナってところだ——

……まえまえから、机に置いた原稿用紙の向きが逆になっていたり、上に置いたノートが下になっていたりするちょっとした徴候によって、彼の留守ちゅう、書きかけの原稿に妻が目を通すことに勘付いていた彼は、今度の作品は、ちょっとした外出にも一切合切風呂敷に包んで持ち歩くことにしている。出来れば銭湯にも持って行きたいところだ。

——それにしても、わが家の家具配置はいかにも具合が悪いな——彼は次第にずっしり重くな

る風呂敷包みを持ちかえながら呟く。彼の机の横にテレビが置いてあるので、歌謡番組の好きな妻がイヤホーンでテレビを見ている姿勢が、ちょうど机に向かっている彼の横顔をじっと見続けているような恰好になってしまう。その位置関係のまま彼が彼女のことを原稿用紙に一字ずつ書き込んでいくというのはさすがに至難のわざだ。——もっとも、仮にこれが逆になって、俺の方が彼女の横顔ないしは後姿を真正面に見て書く、ということになっても、それはそれでおそろしくいやみな事になりそうだしな——

そこで彼はまず図書館で書くことを思い付いた。ところが事、志に反し、図書館ではどうしても書けない。だいいちそこでは周囲の者がみんな本の方に俯き込んでいる。書くより、頭を上げて考え込んでいる時間の方が多い彼は、その中でどうも落着きが悪い。誰かがふと顔を上げる毎に、つい反射的に目を合わせてしまい、すると決って相手は彼の顔をうさんくさそうに見直すので、彼の方も、なにかに熱中している人間をはたからじろじろ見ているのはぶしつけな行為である、ということに否応なしに思い当たらざるを得ない。読む行為に比べて、書くという作業はどうしてこう、うしろめたいんだろう。

おまけに、書く時ひっきりなしに煙草をふかす彼には、煙草は喫煙所で、という図書館の規定が致命的だ。またその喫煙所がしょっちゅう塞がっているときている。席が空いた瞬間にとんで行かなければならない。彼は絶えず油断なくそっちの方をうかがいながら、情けなさそうに呟く。

——これじゃ、まるっきり煙草を吸いに図書館へ来てるみたいじゃないか——

そこで彼は、次に喫茶店を狙った。狭い店では目立ってしまって落着きが悪い。だだっ広くて、照明の明るい所。……不思議なことにあんまりすいていても書きにくい。適当に混んでいて、そして隅の壁ぎわに坐れれば理想的だ。ところが人間というものは、言い合わせたようにみんな部屋の真中には坐りたがらないものらしく、壁ぎわの席はなかなか空いていない。しかも店によっては客の回転をよくするためか、椅子が小綺麗な割には永く坐っていると次第に坐りづらくなってくる所があるから、注意を要する。

……こういった条件をすべて満たす店は、盛り場にだってそうおいそれとは見当たらない。いきおい彼の入る店は次第に固定化していく。なにしろ毎日最低三時間はコーヒー一杯でねばるので、彼は知らず知らず卑屈な気持になってきて、たまたまウエートレスがお冷やのコップを忘れたりすると、——これは一種の意志表示ではあるまいか——などとくよくよ思い悩んでしまう。

——まるで非合法活動にでも従事してるような雰囲気だなあ——彼はときどきわれながら苦笑してしまう。——いままでは、まるっきりこんなことはなかったのに。今回に限ってどうしてこんなに何もかも気になるんだろう。まるでこの世で許されない事でもしているみたいに。——

……彼の目の前のテーブルで、学生風の青年と少女が、運ばれてきたレモンスカッシュのコップを前にして、まず少女がストローの袋の端を破って口にくわえ、吹矢の要領で青年に向かってストローの袋を射込む。青年の方もにわかに不器用にはしゃぎだして、同じ事を少女に向かってしている。……口をうすく開けて彼等を見ていた彼は、ふと我に返り、ばかばかしくなって急いで顔をそむける。――まったく俺はなんだってわざわざこんな愚にもつかないことをやってるんだろう。喫茶店ってのは、やっぱり可愛い女の子かなんかと一緒に入って、いっとき他愛もないお喋りでもする所だ。骨身を削って、揚句の果てが家庭をぶちこわすための作業なんかを、まったくなにを好き好んで……しかしまた、俺たちの場合、実に奇妙なこわれかたをしたもんだな。……昔の私小説作家は、食い詰めて家庭をこわしてしまったんだけど、いまどきは食い詰めるのもなかなかたいへんだよ。うっかりするとすぐ食えてしまうんだから。……ほんとに昨今は私小説もいろいろやりにくくなってきたもんだな。……ところで、俺は今度の作品で、〝ブルジョワ民主主義のもとでは私小説家が妻に去られるのは不可避なりや否や〟という問題意識を追求したいんだけど、……まったく難しい問題だな、これは。理屈から言うと、男女同権ってものは私小説の発展のためにはプラスになるはずだと思うんだがな。昔の私小説では女房ってものは、いつも夫のドラマに従属していて、もっぱら背中に赤ん坊をくくりつけて、一升瓶をかかえて夜道を駆け出して行ったりしていた。追求されるのは、いつも夫の自我の発展の方だけだった。……いまや、女房は夫と十二分に拮抗する人格として家庭のなかに登場し、行きつけの飲み屋のママさんからも女房にお中元が届いたりするようになった。そこで、対等のものとしての夫婦の自我のわたりあいは、私小説の中に新しいドラマ性と社会性を導き入れ、それを生き生きと蘇らすはずだと、俺は考えてたんだが……でもなあ――彼はがっかりして頭髪をしきりに掻き上げ始める。――いくら私小説に新生面がひらけたって、一作書き上げる毎に夫婦別れしてたんじゃ、とてもじゃないが身がもたないしなあ――

……向うの席で、制服の女子高生が一人、テーブルの隅に小さな丸々とふくらんだ赤いがま口を置いて、両手を膝にそろえてかしこまって坐って、飲み物が来るのを待っている。――なんであんなに真剣な態度で喫茶店に入ってるんだろうな。……もしかしたら生まれて初めて喫茶店に入ったんだろうか。――彼は急に頭を乱暴に一振りして、にわかに膝の上の原稿用紙の方へかがみ込み、それをしきりに睨みつけ始める。

〝洋服ダンスの側面に掛かった、映画女優の大きな顔が極彩色で猛烈に笑い続けているカレンダーの、来月のある日付が、赤鉛筆で丸く囲まれている。夫はそれをあいまいで複雑な表情でしばらく眺めている。妻が付けたに違いないそのしるしは、彼女の次の生理の予定日なのだ。「危

険期間」を計算するため、永年やってきた習慣を、彼女はいまだに守っている。もうすぐ別れるというのに。……〃

書きかけて、彼は顔をしかめる。唐突に、自分自身にもあまり確認させたくないような想念が彼の頭にちらついたからだ。――おれがあれ以来やせがまんをして妻に手を出さないのは、潔癖のせいではなく、もしまた彼女のあの白けきった無抵抗に出会ったならば、自分が男としてうまくゆかなくなるのではないかという秘かな不安のせいなのではあるまいか――

「見てよ……」まるで自慢でもするように、妻は流しを指さしてみせる。洗濯の洗い水が殆ど縁まで溜まってしまって、水面がものうげに揺れて、プラスチックのたわし入れがぷかぷか浮いている。

「管が詰まっちゃったのね」

事もなげな妻の明るい声を聞いて、夫は、

「よし、調べてみよう」気軽にすぐ立ち上がる。これも、別れると決まる前には見られなかった気軽さだ。

サンダルをつっかけて外へ出て、ぬるぬるしたねずみ色の汁にまみれたプラスチック管をつかんで、継ぎ目を外そうと力んでいる夫の傍に、妻も出てきて、エプロンの下に両手を入れて眺めている。

外れたとたん、流しに溜まった大量のよごれ水がどっと足の上に落下し、

「わっ」彼は叫んでとび退く。

「たいへんたいへん。雑巾雑巾!」妻はあたふた部屋へ駆け込んで、雑巾をひっ掴んで来て夫の足元へしゃがみ込み、ズボンの裾を拭き始める。

「靴下を取っ替えたら?」

「いいよ。どうせまたよごれるんだから」

この流しはもともと地面に直接吸い込む方式だったが、吸い込みが悪いので、素人細工でプラスチック管を取り着け、前の道の下水の排水口まで引いて行ったが、工事の最中、道路検査員にみつかりそうになり、あわてていい加減に土に埋めてしまったので、まことに不備なのである。

管の曲がり角を取り外し、さかさにして振ると、ガボッと管が鳴って、米粒やら野菜の切りくずやらがからみ合って円筒形になったまま、地上にころがり出る。

「よし。……ちょっと水を出してみてくれ」

妻は再び部屋に駆け込み、流しの上の窓を開けて、

「いい？」

「ちょっと待った」

夫は手早く管を元通り付け、

「オーケー」

彼は立ち上がって腰をのばし、よごれた手を服に付けないように腕を拡げたまま、勢いよい水音を満足気に聞いている。

「どうだい？」

「……まことに盛大に、着々と溜まりだしてるわよ」妻がまた窓から顔を出して叫ぶ。

「……だめか」夫はがっかりする。

再び彼は、管の次の継ぎ目を外し、さかさまにして地面にとんとんと打ちつける。妻がまた出てきて、その彼の手元を見つめている。彼がまたその次の継ぎ目に移ると、妻も黙って場所を移し、彼の傍に立ちつくす。

妻に見守られながら、管を外しては地面に打ちつけ、嵌め直してはまた次の継ぎ目に移動し、また同じ事をする、単調な作業を黙って繰り返しているうちに、ふと、

「……どうだろうね……」夫は、妻から顔をそむけたまま、臭い汁でべとべとする両掌を、管の

乾いた部分になすりつけながら、ついうっかり、絶対に言うまいと思っていた言葉を口からもらしてしまう。

「ほんとに、駄目なんだろうか。どうしても俺たちは今まで通りやっていくわけにゃいかないんだろうかね」言ってしまってから、彼は思わず歯を噛みしめる。ちくしょう、なんて事を！

……しかも意外なことに、それを口に出す直前まであれ程痛切に彼の未練心を掻き立てていた、二人の同居生活のイメージが、言ったとたんに急に重苦しく退屈に見え始め、彼は早くももう疲れ始めている。

妻はそのまま管の継ぎ目を黙って見詰めている。……ところが、やがて目を上げた妻は、蓮っ葉な笑いを浮べている。彼女はふざけきった浮々した声で、

「もしもよ……もし仮に私が、今後二度とあなたが二人の事を書いたりしなかったら、今迄通り一緒に居る、って言ったとしたら、あなた、どうする？」

夫はあっけにとられてそんな妻の笑顔を見上げている。やがて彼は自分の手元に視線をもどして、口を開くが、出て来たのはただ、

「……うーん……」という唸り声だけだ。妻はハハハと声を上げて笑い出し、

「あら、本気で考えてるわ」

夫は鼻を鳴らし、思い出したようにまたぬるぬるする管に取り付いて継ぎ目をねじり始める。

「ねえ……」不意に妻が言い出す。

「私小説って何？」

夫は虚を突かれて、とっさに言葉が見付からない。

「……そうだなあ……」彼は口ごもって、妻の顔と足元のプラスチック管を何度も見比べていたが、あげく、やっとのことで、

「自尊心ってものにはふた種類あるような気がするんだ……」しぶしぶ言い始める。しゃがんでいる自分の目よりはるか上にある妻の顔に向かって、こんな話をするのは、どうも不利だ。

「一つはね、卑しい自分の真の姿をひとに知られるのはなんとしても堪まらない……やせ我慢でもなんでも、毅然として見せてしまう、っていう形の自尊心さ。もう一つは、卑しい自分を人目から隠そうとするってこと自体の卑しさがどうしても我慢ならない、っていう自尊心さ。……私小説ってのは、そのあとの方の衝動が元になってるような気がするよ。……」彼はさりげなく立ち上がって、妻と並んで足元の管を見下ろしながら、

「だから、結局、自分というものは本来は完全無欠であるべきはずなんだ、っていうような、まったくずうずうしい前提の上に立ってるんだろうなあ」

「……そうすると、いちおう、マゾヒズムとは違うわけね？」

夫はそんな妻を横目でじろりと見て、また鼻を鳴らす。しばらくむすっと黙り込んでいたあげく、

「俺がマゾヒズムかどうか、君が一番知ってるだろう？……」投げ出すように彼は言い出す。

「ま、どう思おうと勝手だけどな。どうせ初めっから、見栄も外聞もあったもんじゃないんだから……」

彼はよごれた両手を拡げて突っ立った恰好のまま、ふと考えに沈んでしまう。

「俗に鰯の頭も信心、って言うだろう……」彼は呟くように言い出す。

「鰯の頭っきり手元にないとき、人は誰でも、あらいざらいそれをごみためにたたき込んで不貞寝しちまうとは限らないんだ。人によってはそのうちの一つをやけくそに選んで無意味な悪意地を張っちまうタイプもあるんだよ。……おれのこれもそんな鰯の頭なのさ」

「だけど、ちょっとその説明、少し悲愴感を漂わせ過ぎてやしない？」

夫は仏頂面をして黙り込んでしまう。しかし、やがて思い直したように、再びしゃがみ込み、下水道管をいじり始めながら、

「……ま、そんなことよりなにより、そういうもんを書いた時って、一度味をしめるとやめら

れなくなるような、ゾクッとするような快感があるよね。……最初それを知った時なんか、もし本当に完全無欠に自分をあばき出せたら、その瞬間、突然自分が全然今迄とは違う、別の何かになってしまえる、っていうような、迷信めいたものに取り付かれちまったくらいだもんな。この今の俺のままで、しかも全く別の俺になれる、っていうような」

妻は熱心に自分のサンダルの爪先を見詰めてしばらく黙っていたが、やがてそのままの姿勢で、

「……だけど、そうするとそれ、なにもかも自分だけのことで、ひととはなんの関係もないわけね」

夫はますます両膝の間に首を落として地上の管の継ぎ目をしさいに調べるふりをしている。それからやっと、仕方なさそうに言う。

「……そうだね」

「私とも、関係ないわけね。いくら私が我慢したって、やっぱり、ないわけね」

「そうだよ」夫はふてくされていやにはきはき言い放つ。——だからなにも我慢しろとは言ってやしないじゃないか。どうぞ御自由に。去るものは去れ、だ。手元になんにも残らなくったって、一向に困らないよ。なにしろこっちにはマイダス王のゴールデン・タッチがあるんだから。早い話が、このまま別れちまえば、君の方は俺との生活は無駄になるが、俺の方はどんな無駄だって

失敗だって財産になるんだ。山なす死骸を片っぱしからむさぼり食って、丸々太ってやるからな。生き餌のない世界では、ハイエナこそが王者さ。――

四

ある日のこと、妻はアルバイトの帰りに、気まぐれに街頭の似顔絵画きに自分の顔を描かせて持ち帰って来た。

二、三日経って、夫がふと気付くと、今迄仏像の写真を入れてかもいに掛けておいた額の中身が、妻の顔のスケッチと取り換わっている。その時はなにも感じなかったが、それから毎日、なにかにつけてそれを目に入れ続けているうちに、彼は自分の中に引っ掛かっている変なものの存在に気付きだした。でも、それがなにか、判らなかった。

「今日、会社で、また万年筆をこわしちゃったわ……」ある晩、妻がふと言い出す。

「われながらよくこわすわね。いつかも、あなたのを折っちゃったし」

はてな、そんなことがあったかな、――彼は、今でも机の引き出しに放り込まれているはずの古い万年筆を思い浮べながら考え込む。

万年筆、という言葉を口の中でころがしているうちに、ふと彼は思い出す。このまえの小説の中に、彼がある賞の副賞にもらった万年筆を、妻に一日貸したら、もうトイレに落として折ってしまった、という挿話を、彼女が自分でも気がつかない競争心の暗示として彼は書き込んでおいたのだ。ところが、その部分はフィクションなのである。

――なるほど、そういう事か……――彼はうろたえ気味に思いめぐらす。

その時、彼はなにかの端っこが急にちょっぴり判りだしたような気がする。――そういえば、このごろの彼女は、どことなく以前のようにでたらめで生き生きしたところがなくなってきて、言う事もいくらか整理がいきとどき過ぎている感じだ。……もしかしたら、たとえば舞台の上で一挙手一投足を観客の無数の目に見詰められている俳優には、一度やりだしたドラマはもう否でも応でもしまいまでしおおせる外は道がないように、彼女も、たとえしぶしぶながらでも、もはや架空の観客たちの前でひっこみがつかなくなりだしているのではあるまいか。

……そうだ、なぜこの額縁の似顔絵が気にかかっていたのか判ったぞ。それがいままでの彼女らしくないやり方だったからだ。……なにやら、おれが気心を知りつくしていた人間とは別の誰かが、彼女の中でおもむろに頭をもたげ始めたようなけはいがするぞ……。

夫が予備校から帰って来て、ひと抱えもある風呂敷包みを上がりかまちへどさっと置いて、靴を脱いでいると、妻がテレビから振り向いて、愛想よく声を掛ける。

「おかえんなさい。……どう？　お仕事は進んでますか？」

夫はあいまいな声を出しながら部屋へ上がって、風呂敷包みをよいしょ、と持ち上げ、机へ置きに行く。彼の悪い癖で、書いている時急に見たくなるかも知れないという強迫観念で、不急不要のノートやら辞書やら、他の書きかけの原稿やら、いっさいがっさい携行しないと気が済まない。おかげでいつも腕が痛くなる程の大荷物になってしまうのだ。

さっそく晩飯の仕度にガスコンロの前に立って行った妻の背中を、夫は机の前に腰を下ろしながら、じろりと眺める。

——お仕事は進んでますか、だって？　……あの口調にはどこかうさんくさい響きが感じられるぞ。これは俺の神経過敏かしらん。——

夫は安ウイスキーの瓶を引きずり出して、H牛乳のマーク入りのコップに注いで水で薄め、ぐいぐい飲みながら、ときどきちらっ、ちらっと妻のうしろ姿を眺めている。

その背中は彼に何かを思い出させた。しばらく自分の記憶の中をさぐり廻っていた彼は、そのうちやっと、彼の高校時代のとりとめもない一シーンに行き当たる。……一人、おそろしくスタイリストな教師がいて、ちょっとした物腰から、黒板に書く字まで、生徒が息が詰まる程よろずきちんとしていた。ある朝、登校の道すがら、彼ははるか前方にこの教師を認めた。先方は人目がないつもりらしく、背を丸め顎を突き出した自堕落な足どりでのろのろ歩いているので、彼にはとっさに同一人物とは思えなかった程だ。

ところが、そのうち横道から一人の生徒がひょっこり現われたとたん、まるで魔法の杖にでも触れたように、一瞬のうちに教師の背はしゃきっと真直ぐになり、正確できびきびした歩き方になってしまっている。その気迫あふれる変貌の瞬間に立ち会って、彼はあるショックを受けた。

——それからもう一つ……なんだっけ……そうだ、今日見たなんでもない写真だ——彼は昼間、図書館で暇つぶしにカメラ雑誌をめくっていた時、目についた応募写真の中の一枚を思い浮べる。大した出来栄えではなく佳作に入っているのだが、撮られているモデルの、公園かなにかの立木によりかかって長い髪を肩に流して斜め上を見ている表情といい、様子よく頬に添えられた左手といい、そこには、撮られる、というより、撮らせる、といったあつかましさがあった。

——見られる、写される、というのは文法的には受身だが、場合によってはかなり能動的なものなんだな。それにひきかえ、見る、という他動詞は、しょせんは相手次第のものだからな。

――彼はますますうさんくさい表情になりながら、水で薄めたウイスキーを飲み続けている。

……食事を終えて、お茶をすすっている夫を、しばらく黙って見ていた妻が、さて、それでは、といった感じで、「あのね……」と口を切る。

「予定よりだいぶ超過してごやっかいになっちゃったけど、やっと部屋も空いたし、あたし、明日引っ越しますから。……永々お世話様でした」

夫は思わずしゃっくりのような声を出し、

「明日？」とんきょうに訊き返してしまう。

「ええ……運送屋さんが混んでて、やっと三軒目で承知してくれたわ。……お昼過ぎに来てくれるって」

夫はちょっと経ってから、

「あ、そう」間のびした相槌を打つ。

「また近いうちに連絡するわね」妻が愛想よく言う。

「……うん、そうだね」夫は考え込みながら答える。

ぽかんとしたような沈黙の中で、二人はしばらく坐っている。

「さて、と……」妻は立ち上がり、

「あれこれ整理しとかなきゃ……クリーニングは今日取って来ときましたからね」

「持って行きたいもんは、なんでも持って行きなよ……」夫はその背に声を掛ける。「といっても、ろくな物はありゃしないけど。石油ストーブも、持ってっていいよ。まだ時々寒くなるから。……あ、針と糸だけはカンパしてってくれよ。やっぱり買いづらいからな」

「いいわよ」

引き出しを抜き出して床に置いてごそごそやっている妻を見ながら、夫はぬるくなったお茶をわざとゆっくり時間をかけてすすっている。

——どうも、昨今の彼女のやり口ってものは、どことなくフィクショナルだなあ。……もちろん、おれの目に対する防禦的な姿勢はまえまえから感じられていたけれど……しかし、ひょっとしたら、これはそんななまやさしいものではないかも知れないぞ。……とにかく、夫婦の別居、などという絶好の材料に、おれが飛び付かないはずはない、と彼女だってとっくに覚悟してるに違いないからな。……どうせ書かれるに決ってるとしたら……彼女の性分としたら、どうするだろう？　……自分の方から先手先手と打ちまわして、有無を言わさず既成事実で引きずりまわし、おれの筆は大わらわでその後を追いかけて行く。……なるほど、そういうやり口の方が、むしろ自然なくらいだな。

……考えてみれば、別居まえの夫婦の和気藹々ムードなんてものは、これはいかにも女性好みのシチュエーションだぞ。そのあげく、〝ある晩のこと、妻は突然、翌日引越して行く、と告げた〟といった具合に作品が締めくくられるって寸法か。

……それじゃ、この作品の作者は、俺ではなくて彼女じゃないか！　——唐突に〝内助の功〟などという単語が頭に浮び、夫は、冷や酒をがぶ飲みしたあとの悪酔いのように、いきなり胸の悪さと目まいに襲われる。

けれども、変にタフなこの夫は、無意識に口へ運んだお茶にむせて、涙を浮べて咳き込みながらも、はやくもまた彼好みの論旨の展開を始めようとしている。

——ところが、だぞ。それをひっくるめてぜんぶを見てるおれがまた居たとしたら、どうなんだ。ありのまま、なんてくそくらえだ。……もともと、この世の中にありのままなんてものはないんだというのが、私小説の先輩たちの発見だったんじゃないか——

第四部　疎開派時代

疎開派世代の陰画——石原慎太郎小論

疎開派会報一号の小文の中で私は次のように記した。

「……例を小説の世界にあげると、年令的には石原慎太郎氏が疎開派世代の最年長、大江健三郎氏がほぼ最年少、ということになるが、なぜか二人とも疎開派世代の特性をふり捨ててかえりみない。石原氏はおのれの世代から目をそらし、弟の世代、つまり戦争の記憶があいまいで、戦争の嵐をさける温室の中で自己形成した世代の自信まんまんのエネルギーにだけ魅かれている。大江氏は自己を『遅れてきた青年』と定義し、現在の安定した『壁』への意識と、戦中派への羨望とによっておのれの文学を形成している。……一口に言うと石原、大江両氏は、疎開派世代以外のものへの羨望によって生きる疎開派、とでも言えるだろう。石原氏は疎開派以降の世代への羨望、大江氏は疎開派以前の世代への羨望。この羨望こそ疎開派世代特有のもので、それが疎開派を自己解体させる危険をはらむ。その危険は、他の世代と疎開派との境目に近い者（石原・大江）ほど強いのは当然だ。……」

この大ざっぱな記述を精密化する義務が筆者にはあるだろう。

大江が、たとえあいまいな把握にしてもとにかくおのれの世代の戦中戦後の体験に言及しているのに反し、石原は、全くそれに触れようとしない。そしてそれらの体験をもたぬ「弟の世代」の生態を自己主張に擬することで文学的出発をした。このはなはだ主観的な作家が、単に客観的な観察によって弟の世代の代弁者たろうとするはずはあるまい。してみると石原にとっては、「弟の世代」とは、おのれの戦中戦後体験を、おのれから切り捨て、おのれを、おのれの現在だけに止めるための道具だったのではあるまいか。それほど彼の戦中戦後体験は、彼にとっては、処理困難な、やっかいな大荷物だったことを示しているのではないだろうか。

事実、弟の世代を描くとき、あれほど歯切れのよかった石原が、おのれ、又はおのれと同世代の人間を描くとき、どんなに不器用に難解になってしまうかをみても、このことが推測出来る。

しかしその石原も、「太陽の季節」を書いた時はまだ、おのれを単に弟の世代の観察報告者としてしか意識していなかったようだ。この作品への大きな反響が、おのれと弟の世代との混同を石原の中にひきおこし、弟の世代を道具にしておのれからおのれの過去をきり捨てる、という方式を生み出させた。このいきさつは「太陽の季節」と「処刑の部屋」とを読みくらべた時、ありありと浮び出てくる。しかし、そのような擬似自己表現は、ありのままの弟の世代でもなく、ありのままのおのれでもないいわば疎開派の裏返し、疎開派の陰画とも言える架空の奇妙な群像を生み出しただけだった。それを世人は太陽族と呼ぶ。その群像がいかに石原自身とかけはなれていたかは、石原の最近の作「日本零年」と比較すれば明瞭だ。この作品の内容がデビュー当時の石原のそれとあまりにも違いすぎることに、人はとまどう必要はない。それが当然なのだ。石原は不器用にあいまいな形ながら、くそまじめに、出発点にたちもどったのだ。思えば、「太陽の季節」の反響は、外的には幸運、そして内的にはやはり不幸だった。しかし、多かれ少なかれ反響とは誰にとってもそういうものなのだろう。なにはともあれ石原は独自の軌跡をたどった。私はまず虚心にそれをたどろう。

「太陽の季節」「処刑の部屋」のヒーローたちが、作者より年下で、決して同世代とは言えないことはもう言うまでもないだろう。又作者が上の世代における下の世代の先駆者でもないことは、作者自身の生活が太陽族的でないことで明らかだ。彼はかつてまじめで成績のよい長男であり、一流大学の学生であり、今は、円満な家庭のよき夫であり父である。石原は太陽族の代表者ではなくて、その観察報告者だ。もちろんその事自体は何の非難にも価しない。しかし、石原が正確な観察報告者だったかというと、それははなはだ問題である。

それでも、石原は「太陽の季節」では、まだ少くとも、観察報告者の姿勢を保とうという努力はしていた。この作品には、彼の最も初期の作品群（たとえば「灰色の教室」など）と同様三島由起夫の影響の残存が感じられる。三島の分析的な文体とアフォリズム風な定義癖が「太陽の季節」にはうけつがれている（そして三島の視覚美的イメージさえこの小説の夜の海のヨットのシーンなどに再現されている）。したがって当然その表現は意外に客観的で静的である。たとえば、「処刑の部屋」の、『……俺はな、手前がなぜそんなことをやるのか考えて見るなんざまっぴらだ。やりたいからやるんじゃねえか。それだけで沢山だ。妙な理屈で自分を誤魔化すのは下らないと思うな。自分のやったことがどんな意味があるかなんぞは今止って考えたって出て来るもんじゃないぜ、やれるだけやりたいことをして見てその内にわかって来るんだ』という熱っぽい主張と比べた時、「太陽の季節」の『……あの男を殴った時、自分が本当に何を感じていたかは彼にもわかりはしない。そんなつまらない詮索で、あの行為に後からどんな意味を持たせたところで何になろう。彼は唯そうしたかったから思い切り行なって満足するのだ。彼にとって大切なことは、自分が一番したいことを、したいように行なったかと言うことだった。何故と言う事に要はなかった。行為の後に反省があったとしても、成功したかしなかったかと言うことだけである。自分が満足したか否か、その他の感情は取るに足らない。それ故彼は〝悪いことをした〟と自らを咎めることが無かった。彼は罪を犯すことが有り得ないのだ。が人々はその行為の外象により彼を判断する。彼はその内容によって自分をとらえる。』というくだりの、微妙な語り口の差を人は感じるだろう。ここでは作者は、主人公の意識の分析を志す姿勢をとる。『それ故彼は……』という形で、作者は主人公について「何故」ということを追っている。「人々」と「彼」とを対比させようとする。つまり客観的になろうとする。無目的の行為は主人公であって、作者ではない。作者は主人公を距離をおいて眺め、珍しい好ましい動物のように眺め、他人に向かって「解説」しようとしている。この姿勢は「太陽の季節」全篇に一貫している。「太陽の季節」の中ではいちばん「主張的」な響きを持つ次のような文章でさえ、そうである。『彼等はこの乾いた地盤の上に、知らずと自身の手で新らしい情操とモラルを生み、そしてその新しきものの内、更に新しい人間が育って行くのではないか。沙漠に渇きながらも誇らかにサボテンの花が咲くように、この乾いた地盤に咲いた花達は、己れの土壌を乾いたと思わぬだけに悲劇的であった。』これと、「処刑の部屋」のエピグラム『抵抗だ、責任だ、モラルだと、他の奴等は勝手な御託を言うけれども、俺はそんなことは知っちゃいない。本当に自分のやりたいことをやるだけで精一杯だ。』と比べたとき、前者はなんと静的な客観的な口調であることか。『彼等は……知らずと自身の手で』『この……花達は己れの土壌を乾いたと思わぬだけに悲劇的であった』この言いまわしは、明らかに、第三者的、観察者的である。後者では作者じきじき、エピグラムで怒号してしまっている。

つまり、「太陽の季節」では石原は単に、世にひんしゅくされている弟の世代の肩を持ち、肩を持つことで、間接的に、世人に対するおのれの鬱屈した反逆心を表現しようとしたのだろう。事実、この、「太陽の季節」の中で割合客観的にとらえられた太陽族たちには、世間に対する直接的な抵抗や反逆はない。あるのは享楽心だけである。やりたいことをやるだけで、それによって抵抗心を表現しようという意図はみえない。ちなみに、この小説には、ほとんど大人が登場しない、つまりぶつかる壁が描かれていない。たまたま登場する龍哉の父も、さほど強力に龍哉の反抗心をそそる存在ではない。彼のささやかな好意と失望を呼ぶだけだ。英子の葬式で、龍哉が香炉を投げつける相手は、死ぬことでつまり彼の好きな玩具を奪うことで彼に復讐した英子であって、彼女の家族ではない。つまり龍哉の「不品行」は、反抗や復讐の手段ではないのだ。彼には別に歯をむいてとびかかる不倶戴天の敵などはないのだ。それにひきかえ、「処刑の部屋」には、具体的には、克己がむきになって噛みつく相手として吉村がいる。『厭な奴、厭な奴。小賢しい奴。こ奴には張って行く肉体がない。頭でっかちの、裸にすれば痩せっぽちのインテリ野郎。こ奴等は何も持ってやしない。何も出来やしない。喋るだけ、喋くって喋くって何も出て来ない言葉の紙屑だけだ。』

そしてもっと抽象的にはこんなせりふがある。『大体この社会、なんてえとおこがましいが、世の中が小っぽけな部屋みたいに息苦しいじゃねえか。俺たちはその中でじわじわ刻まれてるんだ。その中からとび出そうとして俺は何かやるんだ。自分のやりたいことから徹底的にな。それが一番良い方法かどうかは考えてる暇はねえし、考えたって誰にもわかりゃしねえんだよ。何か、何かを体当りでぶち壊してやりたくとも、それが何処にあるのかがわかんねえんだ。』こんなせりふは、「太陽の季節」の主人公は、決して口に出さない。龍哉にとっては、自分の享楽の足しにもならないのに『何かを体当りでぶち壊してや』るのなんかは馬鹿々々しくてやる気がしないだろうし、吉村なんて人物は、「およそ関係ない」とさっさと背を向けて口笛でも吹いて行ってしまうだけのことだろう。

いつぞや、「タフ・ガイ」の概念の時代的推移を、藤田進と三船敏郎と石原裕次郎に代表させて論じた誰やらの小文を読んだことがあるが、それによると、藤田進は、気をつけの号令を掛けられたらそのまま一昼夜でも気をつけの姿勢をくずさないでいられる態のタフ・ガイであり、三船敏郎はそんな号令を掛けた相手に向って形相すさまじくつかみかかって行く態のそれであり、石原裕次郎は、そんな号令をかける相手を、あわれむように鼻で笑って口笛でも吹きながらさっさと自分の行きたい方へ行ってしまう態のそれである、という。「太陽の季節」の龍哉はこの三者のうちでは裕次郎的であり、そしておそらく実際の太陽族も、むしろ裕次郎タイプのように思われる。ところが、石原慎太郎が、「太陽の季節」よりあとに書いた、「処刑の部屋」など一連の作品の主人公達は、おそろしく三船敏郎に似ているではないか。つまり、作者石原慎太郎には、三船敏郎世代の残滓があるのだ。そして、彼は次第にそういうおのれを、弟の世代のイメージの中へ混入させて行ったのだ。その原因はやはり、「太陽の季節」への世間の反響の大きさだったろう。作者は世間によって、太陽族の観察者から、太陽族の代表者へとまつり上げられ、おのれ自身もそう振舞わざるをえなくなった。そしてそこからおのれと弟の世代との混同がひきおこされた。

「太陽の季節」から「処刑の部屋」への差は、「無道徳」から「反道徳」への転回である。「処刑の部屋」の吉村は、作中では主人公克己と同世代の人間となっているが、その言動はまるで大人の世代の代表である。

『が、たまには考えても見ろよ。俺は危くて見ちゃいられないんだ。そりゃ今は生一本でやってはいても後になって悪い夢だったたって思うことも有るぜ。本当に君等は自分を摑んでいるかどうかな。君等が今肩を張ってやってることが本当はいとも手易いことだけにやがてあるところまで行って、下らなかった、結局は何でもなかったと思やしないかとね。』この吉村のせりふと同じせりふを父や叔父からいちども聞かされなかったわかものがいったいいるだろうか。わかものの気負いに水を掛ける父の世代。そしてその父の世代こそ、かつて、わかものをあざむき、偽の理想を押しつけ、おおぎみのおんために死ねと、まことしやかに教えた世代ではなかったか。そして彼等は今ふたたび、暗中模索するわかものに対して水をかけ、世間的モラルを押しつけにやってくる。そんな大人に対する作者石原の怒りが、吉村に対して向けられているように思えてならない。どうも吉村は、克己と同世代の人間としてはおかしな存在である。せいぜい、わかものの中での、旧世代の残党とでもいうところか。

克己が（つまり、その中に投影された作者石原が）つかみかかる対象は今どこにいるのか。『抵抗だ、責任だ、モラルだと他の奴等は勝手な御託を言うけれども』というが、今の社会には彼が対決すべき、どのような堅固なモラルも、責任も観念も、ありはしない。してみると、どうやら石原慎太郎が怒ってつかみかかる対象は、彼の過去なのではあるまいか。『ものをやる時大切なのはな、何故とか何をと言うことじゃなくて、どれだけやったかってことなんじゃねえのか。』とわめくとき、彼の脳裡には、「おおぎみのおんために、鬼畜米英を」とか「民主主義のために、封建的軍国主義を」とかいってだまされた過去がひらめくのではあるまいか。少年期に、天皇、神道、儒教、武士道、教育勅語、などの観念でがんじがらめにされて出発し、そして裏切られた記憶のある世代こそ、観念をまむしのごとくいみきらい、果たし状をつきつけたくなるのだ。実際の太陽族の世代は、観念などというものを意識し、つまづき、やっきになったりしはしない。それこそ「およそ関係ない」のである。なぜとか何を、とかいちいち言う吉村にはらをたてて、つっかかったり、吉村の恋人を犯して復讐の快感をおぼえたりするほど、そんなものにははじめから関心をもってはいないはずである。

『お前そんなんで息苦しくないか。そう感じない程ぼけちまったかな。俺は手前や周りのことを考えると息がつまって来るんだ。……それだからそいつをぶち破るために手足を振り廻してやって見るんだ。』この言葉の中にある、完備した日常性への違和感――これは、ひとたび非日常を体験したことがある者こそが感じるものではあるまいか。戦中戦後のあの非日常を。非日常の中に育ち、自己形成し、そして突然生まれてはじめての平和な日常性の中に投げ込まれた青年こそが感じる違和感ではあるまいか。日常性を日常性として意識すること自体、日常性の中だけに居る者には不可能なはずである。事実、いわゆる太陽族的生活は、平和で豊かな日常性の裏づけがあってこそ成立可能なことは言うまでもない。「太陽の季節」では、主人公達は何の息苦しさも覚えずにひたすらその日常性のめぐみを利用している。整然たる平和な日常性の底に虚偽を見出し、その虚偽に怒るものは、ひっきょう、あの混乱と破壊と狂信の織りなす非日常を目撃し、ひとたびそれを信じた人間にほかならない。作者石原は、本能がいやしめられ、無目的な行為が罰せられ、健康なエネルギーが圧殺される戦時に物心ついた。だから彼は、「処刑の部屋」その他の主人公達を、無目的な行為、エネルギー、本能をむきになって発揮するものとして描いた。まるで目の前にそれを禁じる命令者が立ちふさがってでもいるかのように、むきになって反抗的に発揮するものとして。しかし今、そんな絶対権威を持つ命令者がいったいどこに立ちふさがっているのだろう。もしかすると、石原の目の前に立ちふさがる幻影は、戦時中の教師であり、指導者であり、思想家であるのかも知れない。しかしそれが幻影であったことは、石原自身があれほど華々しく世にむかえられたこと自体が皮肉にも立証している。反抗しようとした時には、はやくも舞台がかわり、相手はもはや目の前から姿を消している、という状況も、これまた疎開派世代特有の困惑に満ちた状況なのである。

なんのため、とか、なにを、とかいうことをあれほど否定していたはずの克己が、最後には『……未だに俺は何のためにどうして死ぬんだかわからないじゃないか。』と自問しはじめ、『皆俺が起したつながりだが、その底にもう一本、俺を此処まで引きずって来た、俺の何かがある。そいつは何だ？　俺の捜してるのはそいつだ。一体俺の何だ。良治も顕子も、手塚も、奴等は皆その足掛りなんだ。』と呟く。『俺はな、手前がなぜそんなことをやるのか考えて見るなんざまっぴらだ。やりたいからやるんじゃねえか。それだけで沢山だ。』とたんかをきった当人としては、この呟きは、なんとも竜頭蛇尾と言うほかはない。意味を拒んで行為を採ったはずの人間が、その行為は意味のための『足掛り』にすぎないと言いだすのだから。

しかし、この矛盾を笑ってはならない。この裂け目こそ、克己の中の石原自身と弟の世代との裂け目なのだ。弟の世代は、なぜ、とか何を、とかいうことを、「しんどい」と嘲笑するが、石原はあくまでもなぜ、や何を、にこだわる。だからそれを否定する時にさえ、いやに大げさにヒステリックになる。

『俺は自分が今一番したいことだけは良くわかってるんだ。そしてどうしてもそれをやるだけさ、』と言うそばから『これと比べりゃ、もっと死に甲斐のある何かがあるんじゃねえか、いや確かにある。それが何だ、……』と言わずにはいられないところに、案外石原の本音があるのではあるまいか。石原はかつてひとたび、それが結局まったくの虚妄であったにせよ、『死に甲斐のある何か』を持っていた。戦時中の少年みんなが持っていたように。ほとんどニヒリズムと不明分なまでの散華の精神が、石原の深奥にいまだに生きながらえているけはいは諸所に見うけられる。一度味ったことのある、『死に甲斐のある何か』を持つことのよさを、再び求めてしかも得られないこと。一方ではふたたびみたび裏切られたことによって育てられた不信がますますとぎすまされてゆく。この欲求と不信の織りなす綾が、石原の作品に流れる暗く重く熱っぽい情念を生み出しているのではあるまいか。

石原はかつてひとたび幼くひたむきに、或る絶対観念を信じたことがある。だから彼は「処刑の部屋」その他の主人公を、観念や意味を憎み破壊するものとして描く。石原は、戦中戦後の非日常の中に物心ついた。だから彼は、その主人公を、日常性の虚妄を憎みぶちこわすものとして描く。石原は、かつて、本能、無目的な行為、健康なエネルギーを、いやしむべきものと教えられて育った。だから彼は、主人公に、本能を、無目的を、エネルギーを、謳歌させる。とすると、彼が創造した「石原太陽族」とは、疎開派の体験の縞模様の、白い部分をそのまま黒に、黒の部分を白にと焼きうつした、フィルムの陰画にひとしいと言える。

（ここで面はゆさに堪えて、おのれの文章を引用させてもらうと、『疎開派世代の頂点と底辺の間の質的な差も重要だ。頂点の人々はその人生の最初に、強大な絶対的観念にひとたび呪縛され、そして裏切られた記憶をわりとはっきり持っている』『ひきかえ疎開派世代の底辺に近い人々は……幼なさという城壁によってある程度精神への暴威をまぬがれ、しゃにむに絶対的な観念やファナチズムを挿し木されることをまぬがれた。……彼等の苦難はもっぱら肉体的なものだった。……彼等にとってはすべてはとめどなく変わるというのは……冷静に見物出来る生来おなじみの当然の風景なのだ』と私は曾つて書いたことがあるが、期せずして、これは、石原慎太郎と、弟の世代との差にぴったりあてはまるように思われる。

（同人誌「疎開派」№3、一九六三年一二月、初出）

早く来すぎた青年――大江健三郎小論

『……戦中派だ、戦争に遅れず、戦場で死にものぐるいで戦ったことのある選ばれた人間だ、かつて一度アップ・ビートの瞬間をその人生にもっている男だ、おれはどうしても、いったん銃をとって敵にたちむかった男にたいして劣等感をぬぐいさることができない……、』

「遅れてきた青年」の主人公のこのような独白をまたずともこの小説のテーマは作中のいたるところから読みとれる。小学校六年生の時終戦の日をむかえた、まがうかたなき「疎開派」世代の戦後体験がこの作品のモチーフだ。

『……戦争の時代より平和の時代が生きるに困難でありうる、……平和萬能のニコニコ時代に青年として生きることの、あいまいな困難感、湿った疲労感、あてどない怒り、じわじわとせまってくる絶望感のライオン、徒労感のインディアン、それらとわたしは戦わねばならないのだ……』という主人公の言葉は私にもわかる。

『……おれが情熱をたかめるたびに、アンチ・クライマックスの冷水をかけにくるのが戦中派だ……』という負い目も、わかる。しかし、疎開派世代の一員である私がどうしてもひっかかるものがこの作品、ひいては大江健三郎の文学にはあるのだ。

しかし、私の肉声はしばらくひかえて、大江自身の声に耳傾けよう。

戦争に遅れて生れてきた青年が、戦中の生こそ真の生でありそれにおくれた自分には本来の自分でない偽の生きりない、と感じているこの小説のテーマと、符節を合わせたように照応する大江健三郎自身の言葉がある。

「……ぼくが小説を発表しはじめたとき、いつも心にかかっていたのは、これはすでに戦後文学者がのりこえた問題ではないか？　という不安だった。それはとくに政治とセックスについてそうだった。あの、中国とか治安維持法とか、軍隊とか、二・一ストとかパンパン風俗とかを悠々と体験してきている小肥りの暗い顔つきの怪物たちは、いま、平和な時代のガラス箱のなかで育ったぼくが考えついた地獄など、すっかり書きつくしてしまっているのではないか？……」

「……ぼくはもちろん戦後文学者になるためには遅れてきすぎたし、その同時代の読者になるためにもずいぶん遅れてやってきた。したがってぼくの羨望は二重になる。……」

（群像一九六三・二「戦後文学をどう受けとめたか」より）

もしこの文章を、そっくり小説に重ね合わせて読むとすれば「遅れてきた青年」とは、「アプレゲール文学に遅れてきた文学青年」の感慨を投影しているということになる。してみるとそれは例えばトルストイとドストエフスキーのあとから来たチェホフの愚痴「わたしには落穂拾いしかのこっていない」の縮小版で、単に文学者にしか関係のない問題になってしまうのだろうか。たしかに小説「遅れてきた青年」にはそのようにみえる一面がある。少くともその発想において。

主人公と作者大江との間には、一つ、まぎれもない共通点がある。小説家大江も、主人公も、ともに、おのれに戦争体験のないことをひけめにしている。作家大江は、真空地帯や野火を書けないことを残念がっている。そしてその残念さやひけめを、そっくり、遅れてきた青年に投影しているのではないか？　そうとでも考えなければ、主人公の戦争への憧憬、美化のあいまいさは理解出来ない。

大江は、戦争の残響を感じる世代に属している。

遅れてきた、という実感は、少くとも、関係があるという認識なのだ。世は今や戦争に関係ない世代の時代になろうとしている。「われらの時代」のわれら、とは、もはや全く戦争の残響のない世代のことだ。ところが大江はそれに気づかないのかことさら、自分を「関係ない世代」に含めたがっている。そしてその世代に属する者を、自分に似せて描く。「われらの時代」の弟のグループを描くとき大江は甲羅に似せて穴を掘りすぎた。大江は戦後世代の代弁者をもって任じているが、それはまちがっている。大江は自分で意識しない「疎開派世代」の代弁者なのだ。「遅れてきた青年」の後半に『……とにかくおれはおれ本来のおれを見うしなっているのがたしかなのだから、おれは本来のおれをとりかえさなければならないんだ』という言葉がくりかえされ、それがやがて「叫び声」のテーマに発展していく。「叫び声」の主人公達は自分がこの世界にオータンティクに生きているという安堵感を持つことが出来ない。ところがなぜそうなのかという解明は作品の中であまり親切になされてはいない。もはやそうなのだという状態のままはじまって、そのまま終る。たとえば朝鮮人であることを否定させられた時からオータンティクでなくなったという説明はお座なりで、普遍性がない。「遅れてきた青年」ではそれは、戦争に遅れたからそうなったという説明がついている。しかし、遅れただけで、オータンティクでなくなるだろうか。遅れただけなら、次の世代の椅子に居心地よく坐り、古い奴等に向って吠えたてることが出来るではないか。遅れてきて、しかも、早く来すぎたこと、それが、オータンティクでないことの原因ではあるまいか。大江健三郎は、早く来すぎたのだ。

つまり、戦中世代にも属さないし、戦後世代にも属さないものの居心地わるさ、それがオータンティクでないということなのではあるまいか。ところが大江は、「早く来すぎた」ことに気づかず、自分を戦後世代の一変種とみなしたために、自分の孤独を、個人的な孤独、つまり犯罪者や混血児や不良少年の孤独として表現してしまう。しかし、それは個人的な孤独ではなく、世代的な孤独なのだ。いや、世代的な孤独というものはありえないだろう。世代として自覚出来ないから孤独感が生れるのだ。自分の世代的位置の認識があいまいなこと、そこから作品のあいまいさが生まれる。

「遅れてきた青年」の主人公は、『……遅れてきたものの地獄から救われ……遅れてきたものの証人として聖者の列にくわえられ』ることを夢みる。しかし彼は『……すでにわたしはいかなる人間の情熱をかきたてるヒーロオでもなく、いかなる世代の証人でもない。わたしはあなたと同じだ。』という言葉で筆を置かねばならなかった。この文章は印象的だ。わたしの世代とあなたの世代を同一視するかぎり、わたしはいかなる世代の証人にもなれない。はっきりわたしの世代の証人となったとき、はじめて他の世代の人間の情熱をもかきたてることができるのだ。大江は「遅れ、そして早く来すぎたものの証人」につまり、疎開派世代の証人にならなければならない。

大江は『……ぼくにとって羨望にたえない事情は、かれら（戦後文学者）が、戦後的人間という頼りになる随伴者たちにかこまれて、戦後文学の時代に活動した、ということである。』と記している。しかし、大江は戦後文学者を羨望する必要はない。大江の前には疎開派世代というものが、大江の頼りになる随伴者たるべく存在しているではないか。彼等は、代弁者を求めて、そしてそれを得られない孤独感をかみしめて、ひたすら待っているのだ。

大江は又、戦後文学者を題材的に羨望する必要もない。大江自身も語っているではないか。『われわれは確かに戦後の混乱の時代に育って来たものとして、仮名づかいや漢字の改革による国語の混乱、ファシズムの敗北からデモクラシー、そしてその反動という思想的な混乱などを例とする、大正、昭和をつうじての最もはげしい混乱期に初等中等教育、大学教育をうけた者たちであり……』と(夕刊読売三四・一一・四意見と異見「怒れる世代」をめぐって②)。

いったい戦後派文学者が、こんなすばらしい題材を持っているだろうか。これを描く特権と義務を持つものが、大江の世代以外にあるだろうか。ところが大江はつづけてこう言う『……われわれは決してそれを特権として売りものにしてはいない』そのくせ大江は、遅れてきたことを売りものにするのだ。私は特権と義務と書いた。大江は自己の世代の体験を生かす義務を捨てて、前の世代の体験を持たないということを売りものにしている。特権を売りものにするのと、特権のないことを売りものにするのと、どっちが卑劣だろう。

疎開派同人の由利一は、疎開派世代を、X軸に戦時の地域格差を、Y軸に戦争の個人体験の差をとった直交座標でとらえることを提唱している。数学的意義はともかくとして、疎開派世代の分類としてこれは便利だ。大江は空襲の体験も、疎開の必要もない中国地方の山村で戦時を過した。従って彼のX座標はマイナスというわけだ。又大江は軍人の家庭に育ったのでも、親兄弟を戦争で失ったのでもないようだ。つまりY座標もマイナスだ。ということは由利一の座標系では大江は第三象限に位置するということだ。

さしずめ、戦時中の大江は、まわりじゅうで戦争にわきかえっている他の三つの象限を、唯一の、オールマイナスの象限からもどかしさに身もだえしながら眺めて暮していた、というわけだ。つまり大江にとっては戦争は、まわりの中の人に分配されたのに自分にだけは配ってもらえなかった飴玉のようなものだったにちがいない。こんな風景の中では、大江は、「時間的に遅れてきた青年」ではなく、「空間的に離れていた青年」に見えるのだ。

大江のドラマは第三象限のドラマだ。ところが大江は、空間的なものを時間的なものへすりかえてしまって、そのドラマをあいまいに四つの象限全体、つまり世代全体にふりまいてしまう。そこで同じ疎開派世代でも第三象限にはいない者は、おのれの世代のドラマとしておしつけられたものになんだか違和感をもち、わざわざ痒いところのすぐわきを掻かれるようなもどかしさをおぼえるのだ。疎開派世代は第三象限だけではないのだ。四つの象限のそれぞれの相をそれぞれに個別にとらえ、その相違と一致を総合することが、世代をとらえるということだろう。大江の強引さはめいわくだ。

こうして大江は、時間的には、おのれが早く来すぎたことに気づかず、空間的にはおのれが第三象限の男であることに気づかず、時間的にも空間的にもあいまいにとらえられた世代のあいまいな証人になりすましている。なんという惜しいことだ。

(疎開派会報№2、一九六三年六月、初出)

あとがき

物書きの端くれとして半世紀近く過ごしてきた私ですが、越し方を振り返って、やり残したことはないかな、と考えてみたら、やっぱりありました。それは評論集を出すことでした。もともと私はどうも評論が好きだったようです。しかし小説や随筆を書くのに忙殺され、これまで、ついに纏まった評論というものを書く機会に恵まれませんでした。

このたび、畏友塚田吉昭氏から、なんでもいいから本を出してあげる、と望外のご提案を受けた時、大喜びで、初めての評論集を出そう！　とさっそく過去に書き散らした書評の類をかき集めてみたのですが、やがて、せっかくのチャンスだから、もっと纏まりのあるものを出したいと思うようになり、かき集めた者はみなボツにして、塚田氏には時間の猶予をお頼みし、方針を変更しました。

ここに収められた文章は、四部に分けられています。もちろんこの本の何処からどう読み始めようとそれは読み手のご自由なのですが、万一各部の関連を気になさる読み手が居られたとしたら、それについては一言記しておくべきでしょう。四つの部それぞれの中身の纏まりについては、特に付け加える必要はないと思います。でも、四つの部同士の関連については、もしかしたら説明が必要かも知れない。

しかし第一部と第二部との関連も、さほど言及の要はなさそうです。たまたま若い作家たちと太宰治との自意識にまつわる問題意識の関連に興味を持った私は、それに連なる問題に一貫して拘る一人の若い作家と、これもたまたま、身近な接触を得る機会を持った、ということです。もう十数年前になりますが、私がチューターのひとりを務める「横浜文学学校」という、受講生たち自身が運営する自主講座の教室に、参加されたのが村田沙耶香氏でした。初め不肖の指導者は彼女の追求するテーマについて理解が不足していましたが、発表の度に贈呈していただく著書を連続して読み進めるうちに、この作者の追求するテーマがまさにこの本の第一部で紹介した若い作家たちのテーマと重なっているのに気が付くようになりました。従って、この第二部は期せずして、第一部で取り上げた若い作家群の同類のうちの一人についての詳論といった体裁になっていると思います。

第三部は、一九七〇年に発表した既刊小説の再録です。実は、これは自分では、小説の形で書かれた評論というか評論的な小説というか、要するに私小説がそのまま私小説論にもなっている、という形態を試みた、まあいわば野心作だったわけです。しかし当時どうも私の真意は読者に伝わったような感触があまりなかったので、未練がましいと思いながら、ここでもう一度、今度は評論の一種として読んでいただけたら嬉しいのだが、という意味で掲載した次第です。また第一部での論考には私小説への考察も含まれていますので、その面での補強の役割も果たせたら、嬉しいのですが。

第四部は、いわば私の処女評論です。一九六〇年代の初めごろ、私はゆりはじめ氏たちと「疎開派」という同人を結成しましたが、これらの評論は、同人発足当時、その機関誌というか、月報ふうのパンフレットに載せたもので、おそらく他人に読まれる機会は少なかったと思われますので、私の「初心」のご紹介の意味で再録しました。当時の私にとっての「外界」は、目まぐるしく通り過ぎていく「時代」として捉えられていたのでしょう。そして、私にとっての「内面」は、時代によって分断される「世代」の形で意識されていたのでしょう。そのように考えると、今の私の関心も「三つ子の魂」のように、当時からあまり変わっていないとも言えそうです。

この評論集の構想には、二〇〇七年刊行の「宮原昭夫小説選」の発行者でもある川口ひろ子氏から貴重な助言を頂きました。また、言海書房の水野肇氏にも多大なご尽力を賜りました。文末にて失礼ですが、塚田氏と共に、お二方にもお礼を一言付記させて頂きます。

作品初出一覧

第一部　自意識劇の変貌

大庭葉蔵の曾孫たち　「そして」No.6（二〇〇八年一一月発行）

十年の端と端　書き下ろし

葉蔵と私　書き下ろし

第二部　外界と内面の狭間――村田沙耶香の世界――

「そして」No.7（二〇〇九年一一月発行）

〜No.8（二〇一〇年一一月発行）

〜No.9（二〇一一年一一月発行）

〜No.13（二〇一六年三月発行）

（一部加筆）

作品初出一覧

第三部　小説　私小説家の私事　「文芸」一九七〇年六月号

第四部　疎開派時代

疎開派世代の陰画――石原慎太郎小論――　「疎開派」一九六三年一二月号

早く来すぎた青年――大江健三郎小論――　「疎開派」一九六三年六月号

あとがき　書き下ろし

宮原　昭夫（みやはら　あきお）

1932 年，神奈川県横浜市生まれ．1966 年『石のニンフ達』で第 23 回文學界新人賞受賞．1972 年『誰かが触った』で第 67 回芥川賞受賞．

著　書

『ごったがえしの時点』（1963 年，七曜社），『石のニンフ達』（1969 年，文藝春秋社），『誰かが触った』（1972 年，河出書房新社），『あなたの町』（1972 年，冬樹社），『海のロシナンテ』（1975 年，新潮社），『早く買いすぎたベビー靴』（1977 年，立風書房），『さはら丸西へ』（1978 年，角川書店），『土と火の巫女』（1983 年，福武書店），『龍のいる海』（1989 年，毎日新聞社），『陽炎の巫女たち』（1992 年，読売新聞社），『海のドンキホーテ』（1992 年，徳間書店），『シジフォスの勲章』（2001 年，河出書房新社），『書く人はここで躓く』（2003 年，河出書房新社），『宮原昭夫小説選』（2007 年，河出書房新社）ほか．

宮原昭夫評論集——自意識劇の変貌——

2017 年 3 月 25 日初版発行

著　者　　宮原　昭夫
発行者　　塚田　吉昭
発行所　　有限会社　言海書房
〒 201-0003　東京都狛江市和泉本町 1-24-2　2-303
電話 03-5761-9988　電送 03-5761-7576
装　幀　　菅野美由紀
印　刷　　日本ハイコム株式会社

ISBN978-4-901891-57-8